アトラクション&ショー&キャラ

1. ピーターパン空の旅
2. 白雪姫と七人のこびと
3. ミッキーのフィルハーマジック
4. ピノキオの冒険旅行
5. 空飛ぶダンボ
6. キャッスルカルーセル
7. ホーンテッドマンション
8. イッツ・ア・スモールワールド*
9. アリスのティーパーティー
10. プーさんのハニーハント
11. シンデレラのフェアリーテイル・ホール
12. ロジャーラビットのカートゥーンスピン
13. ミニーの家
14. ミッキーの家とミート・ミッキー
15. チップとデールのツリーハウス
16. ガジェットのゴーコースター
17. ドナルドのボート
18. トゥーンパーク
19. グーフィーのペイント&プレイハウス
20. モンスターズ・インク"ライド&ゴーシーク!"
21. スペース・マウンテン
22. バズ・ライトイヤーのアストロブラスター
23. スター・ツアーズ：ザ・アドベンチャーズ・コンティニュー
24. スティッチ・エンカウンター
25. ペニーアーケード
29. ウエスタンリバー鉄道
30. スイスファミリー・ツリーハウス
31. 魅惑のチキルーム：スティッチ・プレゼンツ "アロハ・エ・コモ・マイ！"
32. ウエスタンランド・シューティングギャラリー
33. カントリーベア・シアター
34. 蒸気船マークトウェイン号
35. ビッグサンダー・マウンテン
36. トムソーヤ島いかだ
37. ウッドチャック・グリーティングトレイル
38. スプラッシュ・マウンテン
39. ビーバーブラザーズのカヌー探検
40. Celebrate! Tokyo Disneyland*1
41. ワンマンズ・ドリームII -ザ・マジック・リブズ・オン
42. リロのルアウ&ファン
43. ミッキーのレインボー・ルアウ
44. シアターオーリンズの新ショー*2
45. ホースシュー・ラウンドアップ
46. ザ・ダイヤモンドホースシュー・プレゼンツ "ミッキー&カンパニー"
47. スーパードゥーパー・ジャンピンタイム*3

※1、※2 2018年7月開始予定　※3 2018年7月8日終了

レストラン

1. トルバドールタバン
2. キャプテンフックス・ギャレー
3. クイーン・オブ・ハートのバンケットホール
4. クレオズ
5. ビレッジペイストリー
6. ディンギードリンク
7. トゥーンポップ
8. ヒューイ・デューイ・ルーイのグッドタイム・カフェ
9. ミッキーのトレーラー
10. トゥーントーン・トリート
11. ポップ・ア・ロット・ポップコーン
12. プラズマ・レイズ・ダイナー
13. ソフトランディング
14. パン・ギャラクティック・ピザ・ポート
15. トゥモローランド・テラス
16. ポッピングポッド
17. イーストサイド・カフェ
18. センターストリート・コーヒーハウス
19. れすとらん北斎
20. アイスクリームコーン
21. スウィートハート・カフェ
22. リフレッシュメントコーナー
23. グレートアメリカン・ワッフルカンパニー
24. ロイヤルストリート・ベランダ
25. ブルーバイユー・レストラン
26. カフェ・オーリンズ
27. ザ・ガゼーボ
28. クリスタルパレス・レストラン
29. ポリネシアンテラス・レストラン
30. パークサイドワゴン
31. ボイラールーム・バイツ
32. チャイナボイジャー
33. スクウィーザーズ・トロピカル・ジュースバー
34. フレッシュフルーツオアシス
35. スキッパーズ・ギャレー
36. プラザパビリオン・レストラン
37. ペコスビル・カフェ
38. ザ・ダイヤモンドホースシュー
39. ハングリーベア・レストラン
40. キャンプ・ウッドチャック・キッチン
41. キャンティーン
42. チャックワゴン
43. グランマ・サラのキッチン
44. ラケッティのラクーンサルーン

34. アドベンチャーランド・バザール
35. ル・マルシェ・ブルー
36. フロンティア・ウッドクラフト
37. ウエスタンウエア
38. ゼネラルストア
39. ウエスタンランド写真館
40. トレーディングポスト
41. カントリーベア・バンドワゴン
42. ハッピーキャンパーサプライ
43. フート&ハラー・ハイドアウト
44. スプラッシュダウン・フォト

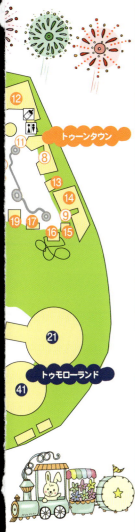

東京ディズニーシー全体MAP

ショップ

1. ヴァレンティーナズ・スウィート
2. エンポーリオ
3. ガッレリーア・ディズニー
4. フォトグラフィカ
5. イル・ポスティーノ・ステーショナリー
6. ベッラ・ミンニ・コレクション
7. フィガロズ・クロージアー
8. マーチャント・オブ・ヴェニス・コンフェクション
9. ヴェネツィアン・カーニバル・マーケット
10. ヴィラ・ドナルド・ホームショップ
11. ミラマーレ
12. ピッコロメルカート
13. スプレンディード
14. リメンブランツェ
15. マクダックス・デパートメントストア
16. スチームボート・ミッキーズ
17. アーント・ペグズ・ヴィレッジストア
18. ニュージーズ・ノヴェルティ
19. タワー・オブ・テラー・メモラビリア
20. スリンキー・ドッグのギフトトロリー
21. ディスカバリーギフト
22. スカイウォッチャー・スーヴェニア
23. ノーチラスギフト
24. スリーピーホエール・ショップ
25. マーメイドトレジャー
26. キス・デ・ガール・ファッション
27. マーメイドメモリー
28. グロットフォト&ギフト
29. シータートル・スーヴェニア
30. ロストリバーアウトフィッター
31. エクスペディション・フォトアーカイヴ
32. ルックアウト・トレーダー
33. ペドラーズ・アウトポスト
34. アグラバーマーケットプレイス
35. アブーズ・バザール

アトラクション&ショー&キャラクターグリーティング

- ❶❶❶ ディズニーシー・トランジットスチーマーライン
- ❷ ヴェネツィアン・ゴンドラ
- ❸ フォートレス・エクスプロレーション
- ❹❹ ディズニーシー・エレクトリックレールウェイ
- ❺ タワー・オブ・テラー
- ❻ トイ・ストーリー・マニア!
- ❼ ビッグシティ・ヴィークル
- ❽ タートル・トーク
- ❾ ヴィレッジ・グリーティングプレイス
- ❿ ニモ&フレンズ・シーライダー
- ⓫ アクアトピア
- ⓬ センター・オブ・ジ・アース
- ⓭ 海底2万マイル
- ⓮ フランダーのフライングフィッシュコースター
- ⓯ スカットルのスクーター
- ⓰ マーメイドラグーンシアター
- ⓱ ジャンピン・ジェリーフィッシュ
- ⓲ ブローフィッシュ・バルーンレース
- ⓳ ワールプール
- ⓴ アリエルのプレイグラウンド
- ㉑ アリエルのグリーティンググロット
- ㉒ インディ・ジョーンズ®・アドベンチャー:クリスタルスカルの魔宮
- ㉓ レイジングスピリッツ
- ㉔ ミッキー&フレンズ・グリーティングトレイル
- ㉕ "サルードス・アミーゴス!"グリーティングドック
- ㉖ ジャスミンのフライングカーペット
- ㉗ シンドバッド・ストーリーブック・ヴォヤッジ
- ㉘ マジックランプシアター
- ㉙ キャラバンカルーセル
- ㉚ ファンタズミック!
- ㉛ ビッグバンドビート
- ㉜ マイ・フレンド・ダッフィー
- ㉝ アウト・オブ・シャドウランド
- ㉞ ドックサイドステージの新ショー*

※ 2018年7月開始予定

レストラン

- ① カフェ・ポルトフィーノ
- ② ザンビーニ・ブラザーズ・リストランテ
- ③ マンマ・ビスコッティーズ・ベーカリー
- ④ リストランテ・ディ・カナレット
- ⑤ ゴンドリエ・スナック
- ⑥ マゼランズ
- ⑦ マゼランズ・ラウンジ
- ⑧ リフレスコス
- ⑨ S.S.コロンビア・ダイニングルーム
- ⑩ テディ・ルーズヴェルト・ラウンジ
- ⑪ レストラン櫻
- ⑫ ニューヨーク・デリ
- ⑬ ケープコッド・クックオフ
- ⑭ ケープコッド・コンフェクション
- ⑮ リバティ・ランディング・ダイナー
- ⑯ バーナクル・ビルズ
- ⑰ パパダキス・フレッシュフルーツ
- ⑱ ハイタイド・トリート
- ⑲ デランシー・ケータリング
- ⑳ ハドソンリバー・ハーベスト
- ㉑ ホライズンベイ・レストラン
- ㉒ シーサイドスナック
- ㉓ ブリーズウェイ・バイツ
- ㉔ ヴォルケイニア・レストラン
- ㉕ リフレッシュメント・ステーション
- ㉖ ノーチラスギャレー
- ㉗ セバスチャンのカリプソキッチン
- ㉘ ユカタン・ベースキャンプ・グリル
- ㉙ ミゲルズ・エルドラド・キャンティーナ
- ㉚ エクスペディション・イート
- ㉛ トロピック・アルズ
- ㉜ ロストリバークックハウス
- ㉝ カスバ・フードコート
- ㉞ サルタンズ・オアシス
- ㉟ オープンセサミ

パークを満喫するための 書き込み式インパーク予定表

Step 1 パークへ行く日をセレクト

- インパーク／（　　月　　日（　）～　　月　　日（　））
- パークの営業時間／（　　：　　）～（　　：　　）
- 開催中のイベント／（　　　　　　　　　　　　　）
- 休止中のアトラクション

Step 2 インパーク日が決まったら予算をチェック!!

予算

| 大人 | 　　円 × 　　人 = 　　円 |
| 子ども | 　　円 × 　　人 = 　　円 |

- チケット代　　　　円
- 食事代　　　　円
- 交通費　　　　円
- おみやげ代　　　　円
- 宿泊代　　　　円

Step 3 具体的なプランを書き込もう!!

乗りたいアトラクション

❶ （　　　　　　　　　　　(FP、利用制限)）
　エリア（　　　　　　　　　　　　）
❷ （　　　　　　　　　　　(FP、利用制限)）
　エリア（　　　　　　　　　　　　）
❸ （　　　　　　　　　　　(FP、利用制限)）
　エリア（　　　　　　　　　　　　）
❹ （　　　　　　　　　　　(FP、利用制限)）
　エリア（　　　　　　　　　　　　）
❺ （　　　　　　　　　　　(FP、利用制限)）
　エリア（　　　　　　　　　　　　）
❻ （　　　　　　　　　　　(FP、利用制限)）
　エリア（　　　　　　　　　　　　）
❼ （　　　　　　　　　　　(FP、利用制限)）
　エリア（　　　　　　　　　　　　）
❽ （　　　　　　　　　　　(FP、利用制限)）
　エリア（　　　　　　　　　　　　）
❾ （　　　　　　　　　　　(FP、利用制限)）
　エリア（　　　　　　　　　　　　）
❿ （　　　　　　　　　　　(FP、利用制限)）
　エリア（　　　　　　　　　　　　）

観たいショー

❶ （　　　　　　　　　　(時間　：　)）
　エリア（　　　　　　　　　　　）
❷ （　　　　　　　　　　(時間　：　)）
　エリア（　　　　　　　　　　　）
❸ （　　　　　　　　　　(時間　：　)）
　エリア（　　　　　　　　　　　）
❹ （　　　　　　　　　　(時間　：　)）
　エリア（　　　　　　　　　　　）
❺ （　　　　　　　　　　(時間　：　)）
　エリア（　　　　　　　　　　　）

行きたいレストラン

ランチ（　　　　　　　　　　(店名)）
　エリア（　　　　　　　　　　　）
ディナー（　　　　　　　　　　(店名)）
　エリア（　　　　　　　　　　　）
スイーツ（　　　　　　　　　　(店名)）
　エリア（　　　　　　　　　　　）

持ち物checkリスト

- □ チケット　□ 現金・クレジットカード　□ カメラ・ビデオ　□ カーディガンなどの上着
- □ 帽子　□ タオル　□ ティッシュ・ウエットティッシュ　□ うちわ・日焼け止め（夏用）
- □ 使い捨てカイロ（冬用）　□ ひざかけ（冬用）
- □ その他（　　　　　　　　　　　　　　　　　　　　　　）

キリトリ

パークを満喫するための 書き込み式インパーク予定表

Step 1 パークへ行く日をセレクト

- インパーク／（　　月　　日（　）～　　月　　日（　））
- パークの営業時間／（　　：　　）～（　　：　　）
- 開催中のイベント／（　　　　　　　　　　　）

・休止中のアトラクション

Step 2 インパーク日が決まったら予算をチェック!!

予算								
・チケット代	円	大人	円	×	人	=	円
		子ども	円	×	人	=	円
・食事代	円	・おみやげ代	円
・交通費	円	・宿泊代	円

Step 3 具体的なプランを書き込もう!!

乗りたいアトラクション

❶ （　　　　　　　　　　　　（FP, 利用制限））
　エリア（　　　　　　　　　　　　　　　　）
❷ （　　　　　　　　　　　　（FP, 利用制限））
　エリア（　　　　　　　　　　　　　　　　）
❸ （　　　　　　　　　　　　（FP, 利用制限））
　エリア（　　　　　　　　　　　　　　　　）
❹ （　　　　　　　　　　　　（FP, 利用制限））
　エリア（　　　　　　　　　　　　　　　　）
❺ （　　　　　　　　　　　　（FP, 利用制限））
　エリア（　　　　　　　　　　　　　　　　）
❻ （　　　　　　　　　　　　（FP, 利用制限））
　エリア（　　　　　　　　　　　　　　　　）
❼ （　　　　　　　　　　　　（FP, 利用制限））
　エリア（　　　　　　　　　　　　　　　　）
❽ （　　　　　　　　　　　　（FP, 利用制限））
　エリア（　　　　　　　　　　　　　　　　）
❾ （　　　　　　　　　　　　（FP, 利用制限））
　エリア（　　　　　　　　　　　　　　　　）
❿ （　　　　　　　　　　　　（FP, 利用制限））
　エリア（　　　　　　　　　　　　　　　　）

観たいショー

❶ （　　　　　　　　　　　　（時間　：　））
　エリア（　　　　　　　　　　　　　　　　）
❷ （　　　　　　　　　　　　（時間　：　））
　エリア（　　　　　　　　　　　　　　　　）
❸ （　　　　　　　　　　　　（時間　：　））
　エリア（　　　　　　　　　　　　　　　　）
❹ （　　　　　　　　　　　　（時間　：　））
　エリア（　　　　　　　　　　　　　　　　）
❺ （　　　　　　　　　　　　（時間　：　））
　エリア（　　　　　　　　　　　　　　　　）

行きたいレストラン

ランチ（　　　　　　　　　　　　（店名））
　エリア（　　　　　　　　　　　　　　　　）
ディナー（　　　　　　　　　　　（店名））
　エリア（　　　　　　　　　　　　　　　　）
スイーツ（　　　　　　　　　　　（店名））
　エリア（　　　　　　　　　　　　　　　　）

持ち物checkリスト

□チケット　　□現金・クレジットカード　　□カメラ・ビデオ　　□カーディガンなどの上着
□帽子　　□タオル　　□ティッシュ・ウエットティッシュ　　□うちわ・日焼け止め（夏用）
□使い捨てカイロ（冬用）　　□ひざかけ（冬用）
□その他（　　　　　　　　　　　　　　　　　　　　　　　　）

東京ディズニーランド&シー

決定版「㊙口コミ」完全攻略ガイド

ディズニーリゾート研究会　著

メイツ出版

もくじ

この本の使い方 ··· 004

パーク基本攻略&ホテル情報

ディズニーリゾート35周年！　注目アトラクション&ショー ············· 006
2020年ディズニーリゾート大変革！　パークはこうなる大予想!! ········· 008
インパ成功間違いなし！　事前プランニングのワザ3つ ··················· 010
東京ディズニーリゾートへのアクセス方法 ································· 012
乗れるアトラクションの数に差が出る！　ファストパス攻略法 ············ 014
少しでも待ち時間を減らす！　プライオリティ・シーティング&シングルライダー ······ 016
パークチケット購入&入場の秘訣 ··· 018
もっと楽しむ♪楽しめる♪いつもとひと味違う♪
東京ディズニーリゾートのハロウィーン&クリスマス ····················· 021
混んでいるときはどうする？　混雑時のためのアトラクション&レストラン活用術 ····· 024
浮いたお金で何をする？　パークを「なる安」で楽しむワザ ··············· 026
コレを知っておけばOK　ありがちインパ失敗談 ··························· 027
こんなところで見かけたよ！　あのキャラクターに会いに行こう！ ········ 028
密かなブームに？　隠れミッキーを探せ! ···································· 030
わくわく体験！　パーク内の演出・しかけを楽しもう ····················· 032
ステキな思い出を切り取ろう！　ベストショットが撮れる場所 ············ 034

夢の世界がそのまま続く
ディズニーリゾートのホテルに泊まろう！

- 東京ディズニーランドホテル ··· 035
- 東京ディズニーシー・ホテルミラコスタ ·································· 036
- ディズニーアンバサダーホテル ··· 037
- 東京ディズニーセレブレーションホテル ·································· 038
- 東京ディズニーリゾート内の移動 ··· 038
- 東京ディズニーリゾート・オフィシャルホテル ··························· 039

綴じ込みマップの使い方 ·· 040

東京ディズニーランド情報

おすすめコース情報

★アトラクションに乗りまくるコース …………………………… 042
★ショーをガッツリ楽しむコース …………………………………… 044
★パークの雰囲気を味わうコース …………………………………… 046
★ディズニーランドホテルにも泊まるコース ……………………… 048

アトラクション・ショー・ショップ・レストラン情報

トゥモローランド …………………………………………………… 050
アドベンチャーランド ……………………………………………… 061
ウエスタンランド …………………………………………………… 070
クリッターカントリー ……………………………………………… 081
トゥーンタウン ……………………………………………………… 084
ファンタジーランド ………………………………………………… 092
ワールドバザール …………………………………………………… 105

| Column | キャッスルプロジェクションはココで見る! …………………… 104
| Column | 注目の催し"アトモスフィア・エンターテイメント" ………… 107
| Column | お姫さまに変身できる! ビビディ・バビディ・ブティック ……… 112

東京ディズニーシー情報

おすすめコース情報

★アトラクションに乗りまくるコース …………………………… 114
★ショーをガッツリ楽しむコース …………………………………… 116
★パークの雰囲気を味わうコース …………………………………… 118
★ミラコスタにも泊まるコース …………………………………… 120

アトラクション・ショー・ショップ・レストラン情報

アメリカンウォーターフロント …………………………………… 122
メディテレーニアンハーバー ……………………………………… 135
ポートディスカバリー ……………………………………………… 143
ロストリバーデルタ ………………………………………………… 148
アラビアンコースト ………………………………………………… 155
マーメイドラグーン ………………………………………………… 161
ミステリアスアイランド …………………………………………… 169

| Column | ウォーターフロントパークもチェック! ……………………… 131
| Column | ひとやすみに最適なマーメイドラグーンの「トリトンズ・キングダム」 ………… 168

INDEX ………………………………………………………………… 173

本書は2016年発行の「東京ディズニー ランド&シー ㊙口コミ「完全攻略」マニュアル」の改訂版です。

003

この本の使い方

この本は、東京ディズニーリゾートについての口コミ情報をまとめたものです。以下に、この本の使い方と、取り扱いの注意ポイントをご紹介します。

この本全体について

- 本書に掲載されているデータや情報は、2018年1月現在のものです。変更されている可能性もありますので、事前に確認してからお出かけください。
- パークの開園時間、閉園時間、交通機関や交通情報などは、時期などにより変更になる場合があるので、あらかじめ確認してからお出かけください。
- 東京ディズニーリゾートの施設名や、口コミ以外の情報(アトラクションの定員や所要時間、ファストパスの対応状況など)は、オフィシャルホームページや、パークで配られる「東京ディズニーランドガイド」「東京ディズニーシーガイド」を参考にしております。
- 本書の記事は、すべて口コミ情報をもとに制作したものです。主観の問題もありますので、すべての人が同じように感じるとは限りません。ご了承ください。
- 本書はすべての施設の情報が網羅されているものではありません。
- 綴じ込みMAP、ディズニーリゾート周辺MAP等は、アトラクションやショー、各種施設のおおよその位置を示してます。正確を期する場合は、パークで配布されているガイドや公式サイトを確認するか、キャストにお問い合わせください。
- 一部の情報はディズニーリゾート研究会のメンバーが、平日、休日にそれぞれ何度か来園して調査しています。時間帯や天候、イベントの有無によって違いがあります。

「パーク基本攻略＆ホテル情報」について

- パークチケット、アクセス、施設、各種サービス・システム、利用制限などの情報は時期などにより変更になる場合があるので、あらかじめ確認してからお出かけください。
- 各種攻略・便利情報の内容は、口コミをもとに制作しており、すべての人にあてはまるとは限りません。また、時期や時間帯、パークのサービス内容の変更などにより、変わる場合がありますので、ご了承ください。
- 時期や天候などにより、施設実施の有無や待ち時間、ショーの実施の有無や上演時間等が変わる場合があります。
- ホテルの情報は予告なく変更になる場合があります。事前に確認してからお出かけください。
- 客室料金、各種サービスなどについては、各々のホテルにお問い合わせください。

「東京ディズニーランド情報」「東京ディズニーシー情報」について

- モデルコースの所要時間などはあくまで目安ですので、必ずしもその通りにまわれるとは限りません。ご了承ください。
- 本文中または表中に「MAP」とある場合、特に注記がなければ、綴じ込みMAPを指しています。その際、本文中または表中の番号と、綴じ込みMAPの番号は対応しています。
- アトラクション・ショー・キャラクターグリーティング情報のデータは、下記のとおり対応しています。

FP	**ファストパス対応の** **アトラクション**です。	屋外	アトラクションやショーの体験中、レストランの利用中に、**雨にぬれる可能性のないもの**を表しています。
SR	**シングルライダー対応の** **アトラクション**です。	屋内	**雨にぬれる可能性のあるもの**を表しています。
身長 制限	**身長制限があるアトラクション**です。記載の身長で利用できます。	屋内・外	場所によって雨にぬれる可能性のあるものを表しています。
だっこ OKか	**子どもをだっこして利用できるか**どうかを表しています。		

- 「平日待ち時間」「休日待ち時間」「待ち時間」とは、年間の平均待ち時間の目安です。曜日や時期などによって大幅に変わることがありますので、ご了承ください。
- アトラクション、グリーティング、ショー、レストラン・ショップ等の施設の特徴や対象はあくまで目安であり、感じ方には個人差がありますのでご了承ください。なお施設には、各種利用制限を設けているものもありますので、ご確認の上ご利用ください。
- レストランやワゴンのメニューやサービス内容、場所や味、およびショップの販売グッズなどは予告なく変更になる場合がありますので、ご了承ください。

PS	は**プライオリティ・シーティング** **対応レストラン**です。	便利 グッズ	は**パークで役に立つグッズの取扱い**があるショップです。
テーブル	そのレストランの**サービスタイプ**を表しています。	スーベニアメダル	は**スーベニアメダルを発行する機械**を設置しているショップです。
軽食	はその店で提供される **主な料理のジャンル**を表しています。	おもちゃ	そのショップの**主な取扱いグッズの** **ジャンル**を表しています。

※対応は混雑状況や天候等により変更になる場合があります。

この本で使用している用語について

本書では、以下のような用語や略語を使用しています。

- **東京ディズニーリゾート**
  ディズニーリゾート、TDRと略
- **東京ディズニーランド**
  ディズニーランド、ランド、TDLと略
- **東京ディズニーシー**
  ディズニーシー、シー、TDSと略
- **パーク**
  TDR敷地内、園内を指す
- **インパーク**
  TDL、TDSに入園すること。インパと略す場合も
- **ゲスト、キャスト**
  入園者はゲスト、パークのスタッフや係員などをキャストとする
- **キャラクター・グリーティング**
  キャラクターと会うこと、キャラグリ、グリと略す場合も
- **パークワイド**
  パークを幅広く使う場合
- **バケーションパッケージ**
  ホテルの宿泊とパークチケット、ファストパスなどがセットになったプラン。パケパと略す場合も

アトラクション用語

- **アトラク**
  アトラクションの略
- **FP**
  ファストパスの略
- **ライドタイプ**
  乗り物に乗って楽しむタイプ
- **シアタータイプ**
  イスに座るなどして、大画面を見て楽しむタイプ
- **ウォークスルータイプ**
  歩きながら見て楽しむタイプ

レストラン情報

- **PS**
  プライオリティ・シーティングの略
- **テーブルサービス**
  テーブル席への案内、注文などのサービスをすべてキャストがしてくれる
- **バフェテリアサービス**
  トレーを持ち、料理が並んだカウンターから、食べたい物をトレーに乗せて、最後にレジで会計
- **カウンターサービス**
  レジでオーダーと会計を済ませ、前方のカウンターでレシートを見せて料理を受け取る
- **ブッフェスタイル**
  カウンターに並んでいる料理を、自由に選び、好きなだけ食べられる
- **ワゴン**
  数種類のメニューを窓口で販売している、お手軽なサービス

ディズニーリゾート35周年!
注目アトラクション&ショー

ランド　新しい昼のパレードがスタート(4月)

2018年4月15日スタートのデイパレードは「ドリーミング・アップ!」。そんな名前だけあって、夢の世界が色とりどりのフロートで表現。ミッキーやミニーといった人気モノはもちろん、『美女と野獣』『ファンタジア』『ピーター・パン』といったディズニー映画のキャラもメンバーに! さらに『ベイマックス』も初登場なので、チェックしてみよう。

比較　過去のパレードでは…
30周年記念で開始した「ハピネス・イズ・ヒア」。50人以上のキャラによる、全長500mもの大パレードだった。プーさんやオーロラ姫も登場していた。

ランド　「イッツ・ア・スモールワールド」

昼のパレードと同じ日にリニューアルオープン。大人から赤ちゃんまでがゆったり船旅を楽しめるアトラクションがパワーアップをして帰ってきたぞ! ディズニー映画の名シーンを思わせる音楽が追加になり、さらに映画のキャラも出迎えてくれる。『アナと雪の女王』『ムーラン』『アラジン』『ライオン・キング』など…お気に入りのキャラがいるか探してみよう! しばらくの間はFP対応となり、混雑が予想される。

両パークでそれぞれ新しく始まるステージショー (7月)

ランド　in シアターオーリンズ

新ショー「レッツ・パーティグラ!」ではドナルドが主役。ニューオーリンズで、最高に楽しいお祭り"パーティグラ"を開催。映画『三人の騎士』のホセ・キャリオカやパンチートも登場。35周年イベント中は、イベントテーマソングを使用するなどの特別プログラムになるはずだ。

シー　in ドッグサイドステージ

「ハロー、ニューヨーク!」は、ミッキーたちがニューヨークの魅力を紹介するショー。ダウンタウンやセントラルパーク、ブロードウェイを舞台に華やかなパフォーマンスが繰り広げられるぞ。こちらも35周年イベント中は特別な内容になるので、見逃さないようにしよう。

比較　以前のショーは…
ランドの「ミニー・オー!ミニー」は、ミニーが主役のキュートなショーで、4回もある衣装替えが人気だった。シーでは世界各国からのおみやげを披露する「テーブル・イズ・ウェイティング」の後、ステラ・ルーも登場する限定ショー「ステップ・トゥ・シャイン」が行われた。

ちょい足し情報 シーではじまった昼のハーバーショー「ハピエストセレブレーション・オン・ザ・シー」は1年限定。ミッキーたちのほか、ダッフィーの仲間も登場! (三重県／25歳／つきとほし)

基本攻略&ホテル

リゾート35周年を祝う、スペシャルな年に
ふさわしいアトラクションやショーが続々とスタート。
チェックして"初物"をめいっぱい楽しもう！

リニューアル（4月）

リニューアル前は… 〈比較〉
ボートに乗って世界一周の旅へ。民族衣装を着た子どもたちが迎えてくれ、流れる『小さな世界』のメロディーにほっこりする…そんなアトラクションだった。

ランド 新規のキャッスルプロジェクションが開始（7月）

人気キャッスルプロジェクションが、2018年7月10日、装いも新たに登場。その名も「Celebrate! Tokyo Disneyland」。噴水や夜空いっぱいに広がる光など、スケールもアップ。今までとはひと味違った夜のショーになるようだ。オープニングを飾るのはミッキー。ランドのパーク内のエリアを巡る映像や音楽に合わせて、物語が展開する予定だ。

今までのショーは… 〈比較〉
「ワンス・アポン・ア・タイム」はスタートから3年半もの間、休日はほぼ満員を誇った。アナ雪イベント時はプログラムが変わるなど、いろんな物語が上映されていた。

前年度に始まったシーの季節イベントもチェック！

●**ディズニー・パイレーツ・サマー**
2017年に新規イベントとして開催されたものが今年も登場。『パイレーツ・オブ・カリビアン』の世界を舞台に荒くれ者の海賊たちが大暴れ！　ジャック・スパロウやバルボッサたちが行う、ダイナミックなハーバーショーは必見。

7月中旬～9月上旬 〈こんな体験が！〉
新イベントも水濡れ必至。大砲からすごい放水があって…リドアイルにいたんだけど、ずぶ濡れになってしまいました。（東京都／23歳／エリンギ）

●**ピクサー・プレイタイム**
2018年に初登場したイベント。『トイ・ストーリー』や『モンスターズ・インク』『カーズ』などディズニーやピクサー映画のキャラたちがパークのあちこちに出没し、いろいろなプログラムを開催。ピクサー色に染まるデコレーションにも注目！

1月中旬～3月下旬 〈こんな体験が！〉
ハーバーショー「ピクサー・プレイタイム・パルズ」はすごかった。『トイ・ストーリー』のロッツォ・ハグベアとか、パーク初登場のキャラもいたよ。（千葉県／15歳／KU）

〈ちょい足し情報〉　「ピクサー・プレイタイム」では、映画『カーズ』に出てくるライトニング・マックィーンのグリーティングがあったよ。コースを一緒に歩けてよかった！（栃木県／13歳／にゃあ）

007

\\\\ 2020年ディズニーリゾート大変革! //
パークはこうなる大予想!!

 ファンタジーランドに『美女と野獣』エリアが登場!

2020年春に予定されている計画の中でもビッグなのが、このエリア新設。今まで「グランドサーキット・レースウェイ」や「スタージェット」があった場所が、野獣の住む城やベルの村になる予定。その中にできるのは、映画の曲に合わせて動くライドで名シーンの数々を体験できるアトラクション、ガストンの酒場をイメージしたレストラン、雰囲気の違う3店舗が連なったショップ。映画に入り込んだような、完成度の高いエリアになりそうだ。

マニアの予想　アトラクションではキャラが話しかけてくれる!?
乗るライドは「プーさんのハニーハント」みたいな感じかな。ポット婦人がモンスターズ・インクのアトラクのロズのように話しかけてくれるとおもしろいかも。(千葉県／20歳／うまうま)

マニアの予想　映画に登場した料理が出てくるかも!?
美女と野獣エリアのレストランなら、アニメの方で出てきた、ひとり晩餐会のケーキがメニューにあるとうれしいな。映画の中のグルメってあこがれるよね。(香川県／26歳／小麦粉が好き)

 ファンタジーランドにライブエンターテイメントシアターが登場!

シーには多かった屋内シアターが、ランドでもようやくお目見え。臨場感あふれるエンターテイメントが楽しめるシアターになるようだ。ここでも、ディズニーキャラクターたちが登場予定で、演じられるプログラムはランドのオリジナルとなる模様。本格的な大劇場で、キャラたちがのびのびと演じている姿を見るのが待ち遠しい。

マニアの予想　ショーには"あの効果"も登場するかも!?
かなり大きな劇場のようなので、ここでもプロジェクションマッピングが使われそう。ファンタジーランドだから、ショーにはアリスやピノキオが出てきてほしいね。(神奈川県／32歳／姫乃雪)

ちょい足し情報 美女と野獣エリアはどうやら2階建てで、新しいミニーのグリーティング施設とつながっているらしいよ。新エリアはトゥーンタウンと隣接しているからありえる。(山形県／30歳／いなほ)

基本攻略&ホテル

2020年度にパーク、特にディズニーランドが
大きく変わるのはご存知？ どんなふうに変わるのか、
公表されていることをふまえて予想してみたよ！

大変革3 トゥモローランドに「ベイマックス」のアトラクションがオープン

2つのアトラクションがなくなり、ファンタジーランドが広がるため、ちょっと狭くなるトゥモローランド。こちらでも新しいアトラクションがスタート！ ベイマックスが引くライドに乗って、回転するタイプのよう。予測不能な動きというから、ハラハラすること間違いナシ。おまけにアトラクションの隣には、宇宙がテーマのポップコーン専門店ができるとのこと。

マニアの予想 どうなるか動きが読めないライドに期待大！
きっと1グループごとに乗るライドだろうね。自分のライドは回転しないかも。予測ができない動きということは、「プーさんのハニーハント」のようにレールがないのかな？(東京都／36歳／技術屋)

大変革4 トゥーンタウンに「ミニーマウス」のグリーティング施設オープン

大幅な変更はないトゥーンタウンだが、ひそかに目玉施設がオープン予定。あのミニーに会える、ファン待望のキャラグリスペースができるのだ！ ファッションデザイナーのミニーのスタジオを訪れるという設定とのこと。ミッキーのグリーティングでも、ミッキーには4種類の衣装があるというから、ミニーはそれ以上!? 何度でも会いに行きたくなりそうだ。

マニアの予想 ミニーがデザインした洋服が見られるはず!?
ミニーがデザインしたかわいい洋服が、ミニーのスタジオに行く前の通路に飾られているはず。もしかしたら、ミニーが作ったダッフィーの洋服もあるかもね(宮城県／24歳／オレンジ色のドア)

その前年には！ シーのメディテレーニアンハーバーに新アトラクション「ソアリン」がオープン！

2020年のランドの改革に先駆けて、シーでも2019年に新しいアトラクションが開始する。場所は「ザンビーニ・ブラザーズ・リストランテ」の裏あたりの、現在とても静かなエリアだ。ハーバーを見下ろす小高い丘の上に立つ屋内型のライドタイプアトラクションになる予定で、風や匂いを感じながら、名所や自然など世界中をめぐる旅ができるとのこと。空を飛んでいる感覚にワクワクしそうだ。

ちょい足し情報 トゥモローランドのポップコーンショップは、複数のフレーバーを取り扱うみたい。パークじゅうのフレーバーが集まると、買うのも楽になるのにな～。(東京都／33歳／ぽっぷらこ)

＼＼インパ成功間違いなし！／／
事前プランニングのワザ3つ

その1　混雑状況を見極める

インパを決めるのに、混雑具合は重要な要素。意外な混雑日、狙いめはこんな時期！

> 平日なら…と思いきや、気候のよい時期やハロウィン、クリスマスシーズンなどは混雑。開園記念日やミッキーの誕生日（11月18日）も混んでました。（東京都／41歳／N.U）

> 4月～6月の平日が狙い目。イベントが終わって、次のイベントが始まるまでの間も比較的空いてるよ。（千葉県／28歳／ようちゃん）

	激混み時期	おすすめ時期
1月	正月・冬休み	
2月	ランドはアナ雪イベント中	冬もアナ雪人気で激混み！ 混雑を避けるなら、イベントが始まる前がマル！（茨城県／31歳／さん太）
3月	春休み	
4月	春休み・GW	
5月	GWは大混雑	春休み後の平日が狙いめ。休日なら、GWの初日（29日）がマシでしたよ。（兵庫県／40歳／プー）
6月		
7月	夏休み	GW明けから夏休みまでの平日がおすすめ。夏休みも前半は大丈夫。春休みほど混まない。（千葉県／27歳／きょんちゃん）
8月	夏休み	
9月	連休 天気のよい日	ハロウィンイベント中
10月		ハロウィン激混み！ イベントの前後（9月上旬、11月上旬）がおすすめ。（東京都／24歳／八重もん）
11月		クリスマスイベント中
12月	クリスマス・冬休み	

その2　公式ホームページを必ずチェック

インパの日を決めたら、忘れてはいけないのは「公式HP」の確認。パークは通常8時～10時開園、20時～22時閉園が多いが、季節や曜日で異なるので注意！

> 知らずに19時クローズの日に午後から行った私たち。短かった…。（千葉県／20歳／KOU）

> お目当てのアトラクションが休止中でショック。ショーの時間や休止日、利用制限も調べていった方がいいね。（青森県／34歳／コロン）

 ちょい足し情報　以前は1月2月の平日は空いていたけれど、最近は「アナ雪」のパレードの影響で混雑しています。混雑を避けたければ、イベント終了～次のイベント開始前の「谷」の日がいいかも！（千葉県／28歳／KKさん）

基本攻略&ホテル

せっかく行くなら効率よく回って1日を思う存分楽しみたいよね。そうなると事前のプランニングは超重要。
ここでは3つの外せないポイントをご紹介!

その3　季節ごとの持ち物を制する!

大半の時間を屋外で過ごすので、暑さ寒さ対策はもちろん、一日持ち歩くことを考えて、軽めの物を持って行こう。服装も前もって考えておき、その日の気候に合わせて1枚増やしたり減らしたりするとよい。子連れの場合は年齢に合わせて荷物も変わるので、前もってリストを作っておこう。

春

日中と夜の寒暖差が激しく、昼間は暑くても、夜になったら肌寒いことも。脱ぎ着が楽なカーディガンや薄手のジャンパーなどを持って行くといいよ。（愛知県／40歳／めいやん）

夏

熱中症対策を万全に。うちわ、扇子、帽子は必須。女子は晴雨兼用の日傘があると、夕立に備えられていいよ。（鳥取県／39歳／サマンサ）

パーク内はビン・カンの持ち込みNGだけどペットボトルはOK。暑い日は凍らせて持って行こう。ステンレス水筒もあると、冷たいまま持ち歩けるし、パークで買った飲み物を詰め替えできてグー！（静岡県／19歳／ようこ）

冬にも便利!

秋

寒暖差が激しいので上着があると便利。薄手のウインドブレーカーは持ち歩きやすくて便利だった。（新潟県／30歳／フリーザ）

常に混雑する季節なので、本やタブレット、ゲームなどを持参。特に場所取り時に◎。（栃木県／44歳／万点パパ）

冬

防寒対策の手袋やマフラーはもちろん、ニットキャップやカイロ、レッグウォーマーなどもあると安心ですね。（東京都／38歳／マイン）

クリスマスなどのグッズは、新作にこだわりがなければ、以前に行ったときに購入したものを携帯。気分は味わえて節約にも。（千葉県／25歳／K.Y）

ちょい足し情報＋　パレードの場所取りで座っていると、春でも夜はアスファルトが冷たくて…。役立ったのが「オムツ替えシート」。赤ちゃん連れはもちろん、少し大きくなった子にも座布団代わりに持って行くと便利かも。（愛知県／40歳／なおさん）

011

東京ディズニーリゾートへのアクセス方法

ご紹介する東京ディズニーリゾートへのアクセス方法は全部で3つ！

車を利用する場合

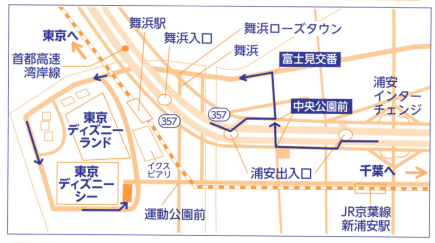

行き
東京方面から向かう場合、首都高速湾岸線の葛西出口は混雑する。1つ先の浦安出口で降りると◎。国道357号線経由でパークへ。

帰り
パークに近い舞浜入口や葛西入口は混雑傾向あり。特に休日や閉園時間前後は首都高速入口まで長蛇の列になることも。帰宅時間をずらしたり、浦安入口を目指すとグッド！

駐車場
平日2500円、土日祝日3000円（全長5m未満の普通乗用車）の利用時間は、パーク開園前〜閉園1時間後まで。同じ車なら1日に何度でも駐車場を出入りすることが可能！

> 東京方面から来た場合、浦安出口からのルートは、看板の通りだと実は遠回り。おすすめは、立体交差点「中央公園前」経由。交差点を「富士見」方面に左折後、突き当たりの「富士見交番」を左折して直進するとTDLの駐車場です。（埼玉県／39歳／もっち）

> 混雑時はリゾートから出るのに1時間以上かかることも。避けるには、舞浜から少し離れた駅近駐車場に車を停めて、舞浜駅まで電車で移動すると◎。（東京都／42歳／あい）

ちょい足し情報＋ TDSの立体駐車場は5階建て。上の階ほど退出に時間がかかるので、渋滞を避けるにはショーの終演5分前には切り上げて帰り支度をするのがおすすめ。（神奈川県／34歳／さとみ）

基本攻略&ホテル

遠方からの東京ディズニーリゾートアクセス方法は、車、電車、バスの3つ。それぞれの特徴をよく理解して、東京ディズニーリゾートへ出掛けよう。出発点によっては、電車+バス、車+電車など、「組み合わせ技」もおすすめ！

アクセス方法その2　電車を利用する場合

東京駅からパークの最寄り駅・舞浜駅まではJR京葉線・武蔵野線で約15分。ただし、東京駅の各線ホームと京葉線・武蔵野線ホームとの間には距離があるため、乗り換えに10分以上かかることもある。東京メトロ日比谷線八丁堀駅、東京メトロ有楽町線・りんかい線新木場駅からもJR京葉線・武蔵野線への乗り換えが可能なので、そちらも検討する価値あり！

> 舞浜駅の混雑は覚悟が必要です。朝のラッシュ時の混雑、パレード終わりや閉園前後は電車に乗るだけで一苦労…。混雑回避のために、ディズニーリゾートから浦安駅間でタクシーを使うのもオススメです！（山梨県／44歳／TONKO）

> 葛西駅との間に「シャトル7」というバスが出ているのをご存知ですか？　私は東西線沿線なので、すっごく便利です。（千葉県／29歳／Mami）

アクセス方法その3　バスを利用する場合

首都圏からシャトルバスで

ターミナル駅	新宿駅、東京駅、秋葉原駅、横浜駅、川崎駅、大宮駅など
空港・観光施設	羽田空港、成田空港、東京スカイツリータウン
ホテル（宿泊者のみ）	京王プラザホテル（新宿）、ホテルメトロポリタンエドモント（飯田橋）、ホテルニューオータニ（幕張）など

家や宿泊地から近いところからバスが出ていたらラッキー。大きな荷物を持ったまま、乗り換えするのはイヤ！という方には特におすすめ。

遠方からなら長距離バスで

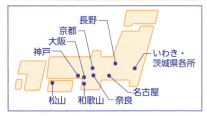

> 子どもが寝てしまったので、思い切って東京駅までタクシーで帰りました。6000円したけど、とにかくらくちん。4人で元は取った感じ！　羽田までは9000円くらいらしいですよ。（広島県／34歳／みんみん）

ちょい足し情報 ➕ 舞浜で降りる時は3、4、8両目にいると、階段近くでいいですよ。エレベーターを使うなら5 or 6両目かな。帰りは東京方面に行くなら、先頭車両が比較的すいていますよ。（東京都／57歳／Qちゃん）

ファストパス攻略法

\\\\ 乗れるアトラクションの数に差が出る！ //

パークを効率的に回るのに有効活用したいのが、ファストパス（FP）。FPは、対応しているアトラクションで、専用の入口から優先的に入場できるシステムだ。FPは取りたいアトラクション付近に発券機があり、パスポートを挿入して発券する。

ファストパスの基本

FPは人数分とるべし！

FPは1枚で複数人数の利用ができない。人数分のファストパスチケットを発券する必要がある。

券の中央に書かれた開始時間を確認！

FPの中央に大きく書かれた時間帯を必ずチェック！ この時間に行けば、優先的にアトラクションに乗れる。

次のFPの発券時間を確認！

次のFPが発券できる時間の確認も重要。時間が書いてあるのは、アトラク利用開始時間のすぐ下。

これで完璧！ ファストパスの取り方

ライドまでの時間が比較的短いファストパス

```
20XX/XX/XX
9:15〜10:50
他のアトラクションの
ファストパス・チケットは
9:50 以降に発券できます。
                    9:15
```

FP1枚目 プーさんのハニーハント

9:15 ┬ FP 発券
     │
     │   **FP2枚目**
9:50 ┴ アトラクション   次のFP
       利用時間   発券可能

アトラクションの利用開始時間になると、次のファストパスが発券できる。次のFPを取ってから、その前にFPを取ったアトラクションに乗ると、さらに時間を有効に使えるよ。

ライドまでの時間が2時間を超えるファストパス

```
20XX/XX/XX
14:30〜15:30
他のアトラクションの
ファストパス・チケットは
11:15以降に発券できます。
                    9:15
```

FP1枚目 プーさんのハニーハント

9:15 ┬ FP 発券
     │   **FP2枚目**
     │
11:15 ┼ ───────────── プーさん以外の
     │   FP発券可能
     │   or
14:30 ┴ アトラクション   すべての
       利用時間   FP発券可能

FP発券後、2時間経つと違うアトラクションのFPが発券できるようになる。またはライドの時間後にすべてのアトラクションのFPが発券できる。

例）①11:15にプーさん以外のFPを発券できる。
②14:30にすべてのアトラクションのFPが発券可能。

ファストパスの利用開始時間はだいたい開園時間の40分後からだよ。開園と同時に取ってもすぐには使えないから注意。（大阪府／22歳／ぽーちゃん）

未入園パスポートではファストパスは発券できないよ。それに、全員分のパスポートが必要なので、1人分で必要な人数分は取れない。先に自分だけ入って家族分取ろうとしたら失敗した。（宮崎県／52歳／正太郎）

ちょい足し情報 ➕ 子ども連れの場合は、アトラクション交代利用が可能。たとえば、身長や年齢制限があるアトラクションでは、同伴者が交代でアトラクションを利用できるよ。（山梨県／39歳／ゆみこ）

基本攻略&ホテル

ファストパス（FP）はパークを効率よく回るためには必須！
FPを取るか取らないかで、1日に乗るアトラクションの数に
差が出るほどだ。FPを上手に活用して、賢くパークをまわろう！

ファストパスがあるアトラクション

ディズニーランド	ディズニーシー
ビッグサンダー・マウンテン	タワー・オブ・テラー
スプラッシュ・マウンテン	トイ・ストーリー・マニア!
スター・ツアーズ： ザ・アドベンチャーズ・コンティニュー	インディ・ジョーンズ・アドベンチャー： クリスタルスカルの魔宮
ホーンテッドマンション	レイジングスピリッツ
プーさんのハニーハント	マジックランプシアター
スペース・マウンテン	マーメイドラグーンシアター
バズ・ライトイヤーのアストロブラスター	海底2万マイル
モンスターズ・インク "ライド&ゴーシーク!"	センター・オブ・ジ・アース
	ニモ&フレンズ・シーライダー

取らなくてもいいFPがある?!

アトラクションに優先的に乗れるとはいえ、実は積極的には取らなくてもいいFPがある。1度に大勢乗れるアトラクションや比較的回転が早いアトラクションは、FPの乗車時間までの間にスタンバイで乗れてしまうことも。ランドの「スター・ツアーズ」やシーの「マジックランプシアター」、「海底2万マイル」は、FPの発券前に、必ずスタンバイの時間をチェックして。FPの乗車時間を待つよりもスタンバイの方が早い場合は、他のFPを取ってからスタンバイでアトラクションを利用しよう。

たくさん乗りたいAさんの場合
比較的 混雑度が低い アトラクションを狙う

比較的FPが取りやすいランドの「スター・ツアーズ」、「ホーンテッドマンション」、シーの「レイジングスピリッツ」などのアトラクションを狙う。

> たくさん乗るコツは、FPを取ってから、次のFPを取るまでの時間できる限り短縮させること。FPが発券されてから乗車までの時間が長いものはパスするか、スタンバイで乗る方が賢明。(島根県／44歳／テリア)

人気モノを徹底的に攻めるBさんの場合
朝イチで 人気アトラクション のFPを取る

まずは、ランドなら「プーさんのハニーハント」や「モンスターズ・インク」、シーなら「トイ・ストーリー・マニア!」のファストパスを狙う。

> 大人気のアトラクションではお昼ぐらいにFPの発券が終わってしまうこともあるよ。開園直後に1番人気のアトラクションのFPを取って、外せないアトラクションは確実に押さえよう。(京都府／29歳／かーくん)

ちょい足し情報 ➕ 15分前に入園できる「ハッピー15エントリー」で入ると、一部のアトラクションのFPが開園時間前に取得できるよ。対象アトラクは公式HPでチェックして。(群馬県／42歳／ドナちゃん)

\\ 少しでも待ち時間を減らす! //
プライオリティ・シーティング&シングルライダー

食事の待ち時間も削ろう! プライオリティ・シーティング

プライオリティ・シーティング(PS)は、ランド、シー、ディズニーホテル内の一部のレストランで実施している優先案内システム。事前に予約をしてから指定された時間にレストランを訪れると、優先的に座席に案内してくれる。パークを賢く回るためにも、ぜひ利用したいシステムだ。

PS対応レストランリスト

ディズニーランド	ディズニーシー	ディズニーホテル
イーストサイド・カフェ	マゼランズ	シェフ・ミッキー※
	リストランテ・ディ・カナレット	エンパイア・グリル
れすとらん北齋	S.S.コロンビア・ダイニングルーム	花 Hana
		シルクロードガーデン
クリスタルパレス・レストラン	ホライズンベイ・レストラン(ディズニーキャラクターダイニングのみ)	オチェーアノ
		ベッラヴィスタ・ラウンジ
ブルーバイユー・レストラン	レストラン櫻	シャーウッドガーデン・レストラン
		カンナ

※シェフ・ミッキーのブレックファストはディズニーアンバサダーホテル宿泊客のみ予約可

前もってWebから! PSの予約の仕方

オンライン予約サイトへアクセス → **予約** → **レストラン利用**

ホテルに宿泊か日帰りかにより、予約方法が異なる。 / 利用日前日までに、利用日、利用人数などを入力して、予約する。 / 予約時間にレストランへ。「予約者名」と「予約番号」を店頭のキャストに伝える。

	予約期間	予約できる人数	予約サイト
日帰り	パーク利用日1か月前の10:00〜前日20:59まで※1	1回の予約で8名まで(1日最大3回予約可)	東京ディズニーリゾート・オンライン予約・購入サイト内「レストラン予約」
ホテル宿泊 ※2 ディズニーリゾートオンライン予約を利用した予約の場合	チェックイン日1か月前9:00〜前日20:59まで※2	宿泊人数まで	東京ディズニーリゾート「オンライン予約・購入サイト」

※1 クリスタルパレス・レストラン「ディズニーキャラクターブレックファスト」の予約期間はパーク利用日の1か月前10:00〜当日6:59まで
※2 ディズニーホテル内のレストランは、ディズニーホテル宿泊の場合、ホテル宿泊予約成立後から予約可能。

> 当日直接お店に行って予約も可能だけど、ほぼ取れない…行く日が決まったらHPから事前予約しよう。(鳥取県/39歳/ひとみ)

> 予約時間に注意! シーに行く前日、22時過ぎにPSを予約しようと思ったら予約できなかった…(愛知県/52歳/やまね)

> 子供も0歳児から1名として予約が必要だよ。(鳥取県/33歳/ようこ)

行きたいレストランは、パークに行く日が決まったらすぐ予約! 人気のレストランはすぐ埋まっちゃうよ。当日予約はほぼ不可能なので事前に予約して行こう。(神奈川県/27歳/やっほー)

016

基本攻略&ホテル

混雑時に長い行列ができるのはレストランも同じ。
人気レストランはプライオリティ・シーティング(PS)で
事前予約してしまおう。
1人なら、シングルライダー(SR)でスタンバイ時間を短縮!

チャンスはあるかも?! PS当日予約

当日も運がよければ予約ができるかも? ディズニーリゾートのスマホ公式サイトの「今日のパーク情報ページ」から当日の予約状況の確認ができる。空席があればレストラン店頭で当日予約も可能。

当日空きがあったら…

パーク内のレストラン	ホテル内のレストラン
●東京ディズニーリゾート・オンライン予約・購入サイト内「レストラン予約」(当日枠は9時から) ●各レストランの店頭にて予約(当日枠は10時から)	①レストラン店頭にて予約(レストラン営業時間から予約受付 ※シェフ・ミッキーは10時から) ②ディズニーリゾート総合予約センターにて電話予約(受付時間は利用日当日10〜18時)

キャラクターに会えるショーレストランの事前予約

ディズニーランド内の2つのレストランでは、ミッキー、スティッチ、トイ・ストーリーのキャラクターのショーを楽しみながら食事ができるショーレストランがある。ショーレストランも、PS対応のレストランのように事前予約が可能。予約は公式HPのみで受付。

ショーレストラン

ザ・ダイヤモンドホースシュー
(ランチ・ディナー)

ポリネシアンテラス・レストラン
(ランチ・ディナー)

当日、スマホで予約状況を確認してみて! ショーレストランは、ショー開始2時間前※まで、スマホから当日予約ができるよ。(京都府/41歳/まりりん)

※ランチショー1回目のみ受付はショー開始時間の1時間前まで

1人ならスイスイ! シングルライダー

シングルライダー(SR)は、ライド型のアトラクションにぽつんぽつんとできる空席を利用して、1人で利用するゲストを優先的に搭乗させるシステム。シングルライダー用のルートを通って、アトラクションの乗り場まで行き、通常のスタンバイよりも早くアトラクションに乗ることができる。アトラクションの入口でシングルライダーを利用したいことを伝えればOK!

シングルライダー対応アトラクション

ディズニーランド	ディズニーシー	
スプラッシュ・マウンテン	インディ・ジョーンズ・アドベンチャー:クリスタルスカルの魔宮	レイジングスピリッツ

運転や場所取りなどで、お疲れのパパ。最後の方で絶叫系アトラクションにシングルライダーで乗りに行かせます。気分的にもすっきりするみたいですよ。逆に私が行くことも。(千葉県/38歳/良妻でしょ)

妻の買い物中に小6の息子と2人でそれぞれシングルライダーに。男同士ってそんなもんだよな。(滋賀県/45歳/やべっち)

ちょい足し情報＋ 子どもが身長や年齢などのアトラクションの利用制限に引っかかり、保護者が2名以上なら、「アトラクション交代利用」で。一緒に並んで、交代でアトラクションを利用できる。(山梨県/24歳/りりらら)

パークチケット購入＆入場の秘訣

パークチケットガイド

1デー/2デーパスポート・3デー/4デーマジックパスポート

1デー・2デー／3デー・4デーの1日目・2日目 　TDL or TDS

3デー・4デーの3日目・4日目　TDL ⇔ TDS 行き来OK

入園およびアトラクションの利用時に使用できる。日数は1〜4デーまで選べる。2日めまでは1日ずつTDLかTDSどちらかのパークのみ利用可。3〜4日めは両方のパークを自由に行き来OK。

マルチデーパスポート・スペシャル（2デー/3デー/4デー）

1日目から2つのパークに入園OK　TDL ⇔ TDS 行き来OK

初日からTDLとTDSの両パークに入園でき、自由に行き来できるパスポート。ディズニーホテル宿泊者限定で購入可能。

ギフトパスポート

券面にメッセージを印字できる、ギフト用の1デーパスポート。公式HPのみで購入できる。合計で10枚まで購入可能。

2パーク/TDL（TDS）年間パスポート

1年間、本人に限りTDLもしくはTDSに好きなだけ行ける。
作成時に本人確認書類の提出が必要。2パーク用は同日にパーク間の移動も可能。ただし2パーク用は入場制限時は入園不可。

失敗しないためのパークチケット購入ワザ

基本6ヶ条

1：表を参考に、プランに合ったチケットを選ぶべし
2：入場制限になりやすい土日は事前購入＆日付指定
3：楽に購入するなら公式HPで「eチケット」が◎
4：当日券は開園1時間前には入口手前のチケットブースに並ぶ※
5：1日で2パークまわるなら、アフター6やスターライトパスポートを使う手も
6：年13回以上行くなら「年間パスポート」がオトク（2パーク用の場合）

※購入は開園の30分前から

ちょい足し情報 ➕ 1日でランドもシーも巡れる方法が。それは1デーとスターライトかアフター6パスポートを併用すること。私はランドで遊んだ日にシーの夜のショーも観たよ。(群馬県／20歳／MA)

018

基本攻略&ホテル

パークチケットには細かなルールがあり、知らないでいると
ソンしたり、時には「入園できなくてショック！」なんてことも…。
種類をしっかり把握して、プランにあったベストなチケットを探そう！

アフター6パスポート

平日のアフター6パスポート取扱日に、午後6時から入園できる。1日に1パークのみ利用可。設定日は公式HPで確認。

スターライトパスポート

土曜、日曜、祝日のスターライトパスポート取扱日に午後3時から入園可。1日に1パークのみ利用可。設定日は公式HPで確認。

券種	大人 18歳以上	中人 12～17歳	小人 4～11歳
1デー/2デー パスポート	1デー 7400円 2デー 13200円	1デー 6400円 2デー 11600円	1デー 4800円 2デー 8600円
3デー/4デー マジック パスポート	3デー 17800円 4デー 22400円	3デー 15500円 4デー 19400円	3デー 11500円 4デー 14400円
マルチデー パスポート・ スペシャル	2デー 14800円 3デー 19400円 4デー 24000円	2デー 12800円 3デー 16700円 4デー 20600円	2デー 9600円 3デー 12500円 4デー 15400円
アフター6 パスポート	4200円		
スターライト パスポート	5400円	4700円	3500円
ギフト パスポート （1デー）	7400円	6400円	4800円
2パーク 年間パスポート	89000円 （シニアは75000円）		56000円
TDL（TDS） 年間パスポート	61000円 （シニアは51000円）		39000円

※上記は消費税を含んだ料金。　※3歳以下の子どもは無料。
※65歳以上対象のシニアパスポートは6700円。
　シニア用の複数日利用は大人用パスポートを使用。
※混雑状況により当日券の販売が中止になることあり。
※学生の切り替えは4月1日から。
※「日付指定券限定入園日」に該当する日は、
　日付指定のないチケットでは入園不可（当日券の販売はあり）
※年間パスポート使用不可日は、年間パスポートでの入園不可
　（2018年2月28日以前に購入したものは除く）

オトクに買いたいなら…

限定のパスポートを狙おう！

キャンパスデー パスポート （1月上旬～ 3月中旬）	中高生および大学生・大学院生・短大生・専門学生が通常料金より安くなる。
地域限定 パスポート （不定期）	対象の都道府県居住者が購入できる。通常価格より1000円ほど安い。遠方の場合は旅行ツアー限定の場合も多い。

優待パスポートを狙おう！

コーポレーション デーパスポート	生協会員が対象。割引価格は1000円ほど。販売期間は不定期でカタログに掲載。
株主優待 パスポート	オリエンタルランド所有株式数に応じて無料で送付される。
ファンダフル・ ディズニーメンバー 限定パスポート	会員特典として期間限定で購入が可能。割引額は500円ほど。入会費無料、年会費3240円。

> **ちょい足し情報** 割引パスポートには除外日が設定されていることも。チケットに記載されているのでチェックを。私は気づかずに行って、チケットを買い直しました（泣）。（埼玉県／27歳／なみだくん）

チケットを楽に買うなら、インターネットで「eチケット」がおすすめ。
いざというときも、対処法を知っていれば安心。さらに、快適かつ
効率的に入場するためのコツもしっかりおさえておこう!

ラクに買いたいなら…

インターネットを賢く使おう! 公式HPで購入すれば、
販売窓口に並ばずにチケットが入手できる。自宅でプリントする「eチケット」なら当日まで購入できて便利。

混みそうな日は日付指定

オンライン購入するなら、日付指定で「入園保証」になるので安心。eチケットならギリギリまで入園する日、パーク、券種、年齢区分が変更可。
(神奈川県／42歳／キョーコ)

	ディズニーeチケット	配送チケット
受け取り方法	公式HPから印刷	配送(送料別)
直前購入	◎	×
オンライン変更	◎ 有効期限当日23:59まで	× 窓口では可能
決済方法	クレジットカードのみ	クレジットカード・代引き

ピンチ! こんな時には…

チケットが売り切れ!
旅行代理店に走ろう!

混雑日に公式HPでチケットが売り切れ。でも、「行きたい」というなら旅行代理店が狙いめ。割当分が残っている可能性あり。(石川県／29歳／さやか)

明日も来たくなった
差額でアップグレード

差額を払えば、1デーパスポートを2デーにすることが可能。入園前はもちろん、後でもパーク内でアップグレードしてもらえます。(大分県／35歳／Lovery)

入園が遅くなった
差額を返金してもらおう

1デーパスポートを期日指定で購入したのに、仕事が入って入園が18時過ぎに。でもアフター6との差額から手数料を引いて返金してもらえた。(東京都／31歳／ケンタ)

スムーズに入場するための秘訣

人気アトラクション狙いなら朝早くに並ぶ

イベント時は激混み必至。人気アトラクのFPを狙うなら、開園2～3時間前には並ぼう。「トイ・ストーリー・マニア!」狙いなら、チケットブースより前の位置を確保!(東京都／30歳／えん)

ディズニーホテル宿泊特典で早くに入園

ディズニーホテルに宿泊すると、「ハッピー15エントリー」といって、15分早く入園できちゃいます。ちょっとセレブな気分☆(熊本県／45歳／くまもん)

入場制限情報はスマホ・携帯でチェック

制限も解除もネット情報が一番確実です。サイトが見られないときは近くのコンビニで当日券が買えるかどうかでわかります。(岐阜県／28歳／ピコリーの)

ちょい足し情報 インフルエンザで楽しみにしていた旅行がおじゃん。期日指定でも有効期限内なら数百円で別の日の券に変えられるので、次の休みにリベンジするぞ～!(和歌山県／26歳／3ちゃん)

基本攻略&ホテル

\\もっと楽しむ♪楽しめる♪いつもとひと味違う♪//
東京ディズニーリゾートの ハロウィーン&クリスマス

ハロウィーン&クリスマスイベントは、ディズニーリゾートがもっともにぎわうシーズン。仮装をはじめ、押さえておきたいポイントや口コミは要チェック!

東京ディズニーリゾートのハロウィーンイベント

毎年9月初旬〜10月末頃にかけて開催されるディズニーのハロウィーン。限定グッズの販売、アトラクション、ショー、パレードなど、リゾート全体がハロウィーン一色となる特別なイベントだ。見ているだけでも楽しいが、大人も全身仮装を楽しめる特別な期間があり、イベントの中でも最も人気。テーマは毎年変わる傾向があるので、イベント開始前には情報をしっかりチェック!

1 見逃すな! 限定パレード&ショー!

毎年変わるテーマに合わせたパレードや、楽しいショー、ダンス、ミュージックでハロウィーンを満喫。キャラクターたちの迫力満点、サービス旺盛のパフォーマンスは必見!

年ごとの違いをチェック
毎年新しいモチーフやコスチュームが登場するディズニーのハロウィーン。必ず写真に残して、違いをチェックしてるよ。(東京都／25歳／キャンディ)

ダンスを覚えてノリノリ!
簡単だからすぐ覚えられるけど、一応Youtubeなどでダンスをチェックしていきます。行く前から子どもとノリノリ!(千葉県／36歳／しょうこ)

2 パーク内の装飾もアトラクションもハロウィーン仕様

カボチャやおばけなど、ハロウィンならではのデコレーションがいっぱい。夜にはライトアップされ、怪しげに光るフォトロケーションはムード満点。また、チュロスなどの食べ歩き定番メニューや一部のアトラクションがハロウィーン仕様に。普段は体験できないディズニーのハロウィーンを思いっきり満喫しよう!

カボチャを探そう!
ハロウィーンの装飾は見応えあり。あちこちに登場するカボチャを友達と競争して数を競います。チームに分かれてゲーム感覚。(茨城県／32歳／フピさん)

ハロウィーン版に
グリーティング時のダッフィーは衣装がイベント仕様になることも。この前のハロウィーンは、お菓子モチーフの仮装をしていたよ。(石川県／38歳／まめこ)

昼と夜で違う写真を
同じロケーションで昼と夜に記念写真を撮ってみて。全然違うから面白いよ。蛍光インクでボディペイントしていくと効果的。(神奈川県／23歳／アン)

ちょい足し情報➕ ハロウィーンのパレードには、いつもは出てこない悪者やおばけがたくさん出てきます。レアキャラ好きとしてはうれしい♥ いつものキャラも衣装が違って面白い。(千葉県／20歳／ライト)

021

3 あなたはどのキャラクター?! 全身仮装でもっとパークを楽しもう!

ディズニー・ハロウィーンといえば、毎年工夫をこらしたゲストの仮装も見物の1つ。期間中に全身仮装でパークを楽しみたい。なお仮装には全仮装がOKな期間などのルールがあるので、公式HPと下記の「仮装の心得」に則って、楽しむようにしよう。

仮装の心得

☑まずは仮装を楽しめる期間を公式HPでチェック
　仮装のテーマが提示されることもアリ!
☑ディズニーキャラクターの仮装をしよう
☑適度なメイク、安全な小道具で装飾を心掛けよう
☑露出の少ない安全な衣装を着用しよう
☑着替えは指定された場所を利用しよう

ルールを守って
ディズニーハロウィーン
仮装を楽しもう♪

9月が狙い目
ハロウィーンイベント期間中は大混雑。10月よりは9月の方が空いていました。(東京都／27歳／myon)

鏡を持参
更衣室には鏡が少ないみたい。チェック用にMy鏡を持っていった方がいいよ!(千葉県／22歳／テラテラ)

ディズニー以外×
コスプレはディズニーに関するキャラが鉄則。ドラえもんなど、関係ないキャラはNG!(埼玉県／19歳／レイヤー)

指定場所以外NG
指定以外の場所で着替えるのは×。パークのトイレでの着替えはダメだよ!(東京都／30歳／はるか)

全身仮装でのインパークはロッカー&着替えスペース確保が必須!

着替え場所は悩みどころ。自宅かパークの更衣室か…それぞれの利点欠点を考えて選ぼう。例えば自宅から電車などを使う人は、かさ張らない衣装の上にジャケットをはおると◎。パークで着替えする人も更衣室は混むので、ある程度自宅で着てきた方がよい。車での来場やリゾート内のホテルを取るのもおすすめ。車や部屋に荷物が置け、着替えもできる。

コインロッカーは朝イチでおさえる
期間中10時過ぎにはいっぱいになっていることも。荷物が多い場合は朝イチで要確保!(奈良県／26歳／うさぴょん)

着替えスペースは昼過ぎを狙え!
午前中は私服で遊び、着替えスペースが空いてくる午後に一旦パークを出て仮装&再入園がオススメ♪(埼玉県／21歳／パンダ)

今年はどのキャラクターにする? 注目されるのはコレ!

皆と同じじゃつまらないけど、全くのレアキャラじゃ気づいてもらえない。どのキャラクターに扮するか、思案のしどころ! ミッキー&ミニーやプリンセスはもちろん、最近は「アナ雪」や「マレフィセント」など、近年公開された映画の登場人物が人気の模様。

ストーリーがあるのは見てて楽しい
人数がカギかも。ペアならプリンス&プリンセス、3人ならドナルドの甥っ子たちとか。(栃木県／35歳／ミー)

大人数なら全員同じ仮装でど迫力!
アリスのトランプとか、トイ・ストーリーのエイリアンとか、地味めでも目立ってた!(神奈川県／25歳／ゆーらしあ)

022

ちょい足し情報 ➕ キャンディーバケツを持ったキャストが出現する年があるらしい。「トリックオアトリート」と声をかけると、キャンディーをプレゼントしてくれたんだって。(愛媛県／23歳／やっぱりみかんちゃん)

東京ディズニーリゾートのクリスマスイベント

東京ディズニーリゾートのクリスマス（11月上旬～12月下旬）は、きらめく光に包まれてなんともロマンティック。TDLとTDSで雰囲気が違うので、1泊して1日ずつ楽しんだり、アフター6パスポートで夜からもう片方にいくのもおすすめ！

✦ハッピーなTDLクリスマス✦
クリスマス・ファンタジー

赤と緑のクリスマスカラーに彩られ、ファンタジックで楽しい雰囲気に。クリスマス限定のメインパレードやショー、グッズやメニューを満喫して。

アトラクションがクリスマスバージョンになることが多いよ。「カントリーベア・シアター」でクリスマスソングをやってました。飾りつけもクリスマス仕様に！（京都府／29歳／夏はカレーさん）

✦ムーディなTDSクリスマス✦
クリスマス・ウィッシュ

きらびやかで大人っぽい雰囲気のクリスマス。夜に行われる限定ハーバーショーは必見。お酒も楽しめるので、平日の夜に待ち合わせするカップルも多し。

ダッフィー好きならシーのクリスマスがおすすめ。クリスマス限定スーベニア付きのスイーツメニューがいろいろ出てきて目移りしちゃう！（京都府／41歳／ダッフィーママ）

クリスマスのディズニーリゾートはデートの必勝スポット！

TDLのワールドバザールの、天井に届きそうな大きなクリスマスツリーは圧巻。TDSでは、全部のツリーで記念撮影しました♥（京都府／25歳／お寺巡り大好きさん）

大好きな「ホーンテッドマンション」がクリスマス仕様に。2人っきりでくっつけるのでラブラブモードに☆（埼玉県／22歳／チャーム王子さん）

プロのカメラマンが撮ってくれる「ディズニースナップフォト」を利用して二人の記念写真を撮りました。（福井県／26歳／幸せ新婚さん）

美しいライトアップはクリスマスイベントの醍醐味。アトラクションに乗らず、パーク内を散策しているだけでも十分楽しめますよ。ただし夕方以降はかなり冷えるので防寒対策はしっかり！（東京都／28歳／たーちゃん）

クリスマスデートは、レストランディナーの予約が必須！今年はちょっと奮発して、TDSの「マゼランズ」の限定コースを食べてみたい。（茨城県／37歳／ユージ）

ちょい足し情報 「スイスファミリー・ツリーハウス」のリビングルームにあるオルガン。クリスマス期間限定で、自動演奏の曲目がクリスマスの楽曲になってるんだよ。（愛知県／33歳／お星様きららさん）

混んでいるときはどうする？
混雑時のためのアトラクション&レストラン活用術

アトラクション
混雑時には人気アトラクションは避け、待ち時間ゼロ&短いアトラクションを活用

混雑時には、人気アトラクションは2～3時間待ちになることも。それでも楽しみたいなら、混雑度の低い時間を狙って。また中には比較的待ち時間が短いものや、待ち時間なしで楽しめるものもある。上手に組み合わせて、楽しい一日を過ごそう!

人気のアトラクションはいつなら空いてる？

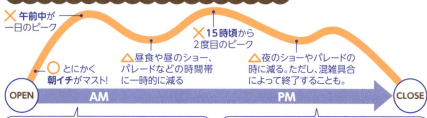

- × 午前中が一日のピーク
- ○ とにかく朝イチがマスト!
- △ 昼食や昼のショー、パレードなどの時間帯に一時的に減る
- × 15時頃から2度目のピーク
- △ 夜のショーやパレードの時に減る。ただし、混雑具合によって終了することも。

OPEN → AM → PM → CLOSE

平日でも修学旅行生で激混みという時は夕方が狙い目。午前中は無理して動かないでOK。(東京都／25歳／ちょーさん)

パレードはスタート時に見て、すぐにファンタジーランド側に移動。みんなが見ているうちにアトラクションにGO。(千葉県／19歳／明)

待ち時間がゼロ&短いアトラクションはこれ!

ディズニーランド	
ほぼ待ち時間なし	待ち時間が短い
ペニーアーケード／トゥーンパーク／オムニバス／ドナルドのボート／スイスファミリー・ツリーハウス／チップとデールのツリーハウス／ミニーの家	魅惑のチキルーム／トムソーヤ島いかだ／カリブの海賊／ウエスタンランド・シューティングギャラリー／カントリーベア・シアター／蒸気船マークトウェイン号／ピノキオの冒険旅行／アリスのティーパーティー

ディズニーシー	
ほぼ待ち時間なし	待ち時間が短い
ビッグシティ・ヴィークル／アリエルのプレイグラウンド	ディズニーシー・トランジットスチーマーライン／フォートレス・エクスプロレーション／ディズニーシー・エレクトリックレールウェイ／シンドバッド・ストーリーブック・ヴォヤッジ／キャラバンカルーセル／ジャンピン・ジェリーフィッシュ／スカットルのスクーター

「FPのみ」と割り切る FPを基本にして、あとはその近くの比較的空いているアトラクションで調整します。自然とメリハリがつきますよ。(埼玉県／31歳／きゅんちゃん)

ショー系を中心に 大人数が入れるショータイプは比較的待ち時間が短い。ディズニーらしくて僕は好きです。(神奈川県／51歳／おやっさん)

移動系メイン 船や鉄道など乗り物は比較的空いてますよ。うちの子はこればかり。(千葉県／35歳／るな)

ちょい足し情報＋ オフィシャルモバイルサイトやアプリで、待ち時間や混雑状況等がリアルタイムで調べられるよ。あと、何となく、アドベンチャーランドからの左逆回りの方が空いている気が…。(愛知県／39歳／SAUI)

基本攻略&ホテル

混んでいる日はアトラクションもレストランもなかなか入れず大変!
FPもとりはぐれたし、予約もしていない…。
でも工夫次第でいろいろ楽しめちゃう!
混んでいる時でもOKアトラクション・レストランをご紹介しよう。

レストラン 　空いている時間帯&収容人数の多いレストランを狙え!

混むのはランチ&ディナータイム。そこを外すと比較的ゆったり食事ができる。外し方も「前倒し」がベター。10:30～11:00ころに朝食兼昼食、15:00～17:00に早めの夕食をとるとよい。また、席数の多いレストランがおすすめ。

食事をするなら「早め」がおすすめ!

10時半～11時頃に朝食兼昼食 →

11時半～14時 ✕混雑 だらだらと長く混む

15時～17時に早めの夕食をとる →

18時前後 ✕混雑

19時～20時頃のパレード・ショー前にピークは過ぎる

OPEN AM PM CLOSE

開園直後から開いているレストラン

ディズニーランド	ディズニーシー
リフレッシュメントコーナー／スウィートハート・カフェ／クリスタルパレス・レストラン	マンマ・ビスコッティーズ・ベーカリー

> 朝はキャラクターと　クリスタルパレス・レストランの朝食にはキャラクターが登場! 朝から会えてうれしかった。(群馬県／18歳／町内会長)

混雑時におすすめの"席の多い"レストラン

ディズニーランド	ディズニーシー
トゥモローランド・テラス(約1470席)、プラズマ・レイズ・ダイナー(約920席)、ハングリーベアー・レストラン(約710席)、パン・ギャラクティック・ピザ・ポート(約590席)、グランマ・サラのキッチン(約530席)、ヒューイ・デューイ・ルーイのグッドタイム・カフェ(約430席)	ケープコッド・クックオフ(約910席)、カスバ・フードコート(約850席)、ザンビーニ・ブラザーズ・リストランテ(約750席)、ユカタン・ベースキャンプ・グリル(約690席)、ミゲルズ・エルドラド・キャンティーナ(約600席)、ニューヨーク・デリ(約520席)

> 2階は意外な穴場　パン・ギャラクティック・ピザ・ポートの2階は気づかれにくいのか、空いていることも。(千葉県／40歳／せんたろう)

> 大人数グループなら　8人で行った時はバラバラに食事かな?と覚悟。でも、カスバ・フードコートで無事揃って食べられたよ。(東京都／29歳／みう)

あえてレストランを利用しない方法も!

> 時間節約のため、カウンターやワゴンで買ってパレードの場所取り時に食べます。(岐阜県／35歳／たあちゃん)

> パーク内は持ち込み不可だけど、ピクニックエリアならお弁当OK。再入場用のスタンプを押してもらうのを忘れずに! (千葉県／44歳／かと)

ちょい足し情報 ちょっと味気ないけど、カウンターもワゴンも激混み!　という時は、イクスピアリやディズニーランドホテルのコンビニにいって済ませます。節約にもなるしね。(東京都／22歳／しんじ)

浮いたお金で何をする?
パークを「なる安」で楽しむワザ

どうせ楽しむなら、できるだけ上手に節約して、「これぞ!」と思うところに使いたいもの。それもケチケチするんじゃなくて、楽しんじゃうのが達人ワザ。限りあるレジャー費を有効活用するために、みんなどんな工夫をしているのかな?

過去のポップコーンバケットを持ち込み

過去のインパで買ったポップコーンのバケットを持ち込むと、リフィルの注文だけでよいので、1杯520円に。バケットを買うと2000円前後なので、かなりの節約になりますよ!(岐阜県／35歳／みかりん)

お弁当を作って、ピクニックエリアで食べる

パーク出てすぐのところにあるピクニックエリアではお弁当を食べられるので、おうちから持参したらだいぶ節約になります。再入場の手続き(手にスタンプ)を忘れずに。(静岡県／48歳／ひさこっこ)

1000円以下でしっかり食べられるところを探す

ランドの「キャプテンフックス・ギャレー」は美味なピザが1枚450円程度。シーなら「ケープコッド・クックオフ」は730円のセットが◎。ダッフィーのショーを見ながら食事ができてお得。(石川県／21歳／ドレミ)

無料でもらえて満足できるものを使う

誕生日には無料で「バースデーシール」がもらえ、当日はキャストみんなに「おめでとう」と言ってもらえます。いくつになっても嬉しい♪(秋田県／52歳／ともちゃん)

単価の安いワゴンフードを活用

我が家は1食をレストラン、1食はワゴンの食べ歩きと決めています。節約とはいえ、食べ歩きは楽しく、切り詰めている気にはなりません!(茨城県／32歳／みっちゃん)

おみやげは小分けにできるものに

メモ帳やマグネット、消しゴムなどおみやげは小分けにできるものがオススメ。頼めば小分け用の袋をつけてくれるので配るのにも便利。(宮崎県／40歳／なおちん)

キャラグリ写真は帰ってから買う

キャラグリで撮った写真は帰った後「オンラインフォト」から注文。1枚54円から写真が買えます。カメラマンから必ず「フォトキーカード」をもらって。(東京都／38歳／かっつん)

首都圏在住で平日ならお得なチケットあり

首都圏(東京・神奈川・千葉・埼玉・茨城・群馬・栃木・山梨)に住んでいるなら、ウィークデーパスポートという手も。パスポートで多少は節約できるかな。(山梨県／25歳／さよ)

リゾートラインに乗らず舞浜駅から歩く!

リゾートラインは家族4人で往復乗ると結構な出費。なので我が家はシーに行くときは舞浜駅から歩きます。15分くらいで道も整備されているので気持ちよいですよ。(千葉県／43歳／やよい)

ちょい足し情報 ➕ 子ども料金がかかるのは4歳から。なので4歳直前に行くと、気持ち的にお得。ちなみに、ビュッフェスタイルのレストランでも4歳未満は無料のようです。(神奈川県／37歳／のっち)

基本攻略&ホテル

コレを知っておけばOK
ありがちインパ失敗談

いろんな情報があるけれど、なかなか行ってみないと分からないことって多いもの。何度行っても「次はこうしよう」という発見があるのも、ディズニーリゾートの楽しいところ。その後悔、次回に活かすだけでなく、周りにも教えてあげて！

FP取りは全員いなくても大丈夫！
FP取るときは入園で使ったパスポートが人数分あれば、取るのは代表者1人でOK。なのに、家族全員で取りに行っちゃった。手分けして並んでいれば、もっとたくさんアトラクションに乗れたかも。（沖縄県／35歳／ダ・パンプ）

時間早めにお土産買って、混雑回避
できたのは良かったけど、パークでの移動中ずっとおみやげを持ち歩くはめに。たくさん買ってたから大変だった。宅配センターを利用すればよかった。（北海道／22歳／はる）

最初から宅配を使っておけば…！

午後からなら荷物は乗り換え駅ロッカーに
午後から行ったらコインロッカーが全部使用中だった。どうやら午前中でだいたい埋まってしまうみたい。かさばる荷物があったから途方にくれた。（和歌山県／18歳／パンダパン）

現地調達できるものは現地で買おう！
天気がわからなかったから、家族分の傘持ってきたら、パークに売ってた。荷物になったし、持っていかなきゃよかった。冬はイヤーマフラーやカイロも売ってるのね。1日歩くし、荷物は少なめで。（長野県／39歳／りえ）

喫煙所は調べてから移動するべし！
食後、夫がふらりとタバコを吸いに出て行った。「全然なかったよ～」と戻ってきたのが40分後。ちゃんと調べてから行かないとタイムロスは大きい！（東京都／33歳／颯太ママ）

ちょい足し情報 お目あてのアトラクションが行ったらお休み中だった。残念すぎる。。。それ以来行く前に公式HPで休止情報を必ず確認してる。（栃木県／23歳／飴玉）

027

こんなところで見かけたよ！
あのキャラクターに会いに行こう！

確実に会える！ キャラクターグリーティング施設

パーク内には確実にキャラクターに会えるスポットがある。ランドの「ミッキーの家とミート・ミッキー」やシーの「ヴィレッジ・グリーティングプレイス」のキャラグリ施設だ。一緒に写真も撮れるぞ。

ランド　キャラグリ施設「ミッキーの家とミート・ミッキー」 ＜必ず会える！＞

会えるキャラ　ミッキーマウス

蒸気船ウィリー、タキシードなど、いろんな衣装を着たミッキーに会えるよ。衣装はランダム。写真、サイン、ミッキーとのお話もOK。混雑する施設なので、開園直後、夕方、パレード中を狙おう！（埼玉県／28歳／さおり）

シー　キャラグリ施設「ヴィレッジ・グリーティングプレイス」 ＜必ず会える！＞

会えるキャラ　ダッフィー

大人気キャラクターのダッフィーに、待つだけで確実に会えるスポット。イベント開催中は季節の衣装をまとったダッフィーに会えることもアリ。施設内のダッフィーの展示物も見もの！（広島県／20歳／はなこ）

運が良ければ会えるかも！ 公式グリーティング＆フリーグリーティング

ランドやシーのメインエントランスなどで行われる公式キャラグリは、スポットに並んで待とう。時間になればキャラクターに必ず会える。どのキャラクターに会えるかは当日のお楽しみ。キャラが突然現れるフリーグリーティングは運次第！

チップ＆デール ＜待ってれば会えるかも＞

メインエントランスでのキャラグリで会えたよ！ 写真撮影と一緒にサインももらったよ！ 2本の前歯に赤いお鼻がデールだよ。（東京都／18歳／まつもと）
場所　メインエントランス

プルート ＜待ってれば会えるかも＞

ミッキーの愛犬プルートに遭遇。雨だったからワールドバザール内でのキャラグリだったけど、写真もばっちりとれた！（石川県／27歳／やまちゃん）
場所　ワールドバザール

TDL

ピーターパン ＜ラッキーなら会える！＞

ピーターパンのアトラクから出てきたら、ピーターパンがいた。そのキャラのアトラクション周辺は遭遇率が高いみたい。（福岡県／19歳／ウェンディ）
場所　ファンタジーランド

シンデレラとプリンス ＜ラッキーなら会える！＞

永遠のプリンセスと言えばシンデレラ。シンデレラはたいていプリンスと一緒に登場。シンデレラ城裏側が出没率高し！（栃木県／29歳／まっつん）
場所　ファンタジーランド

ドナルド・デイジー ＜必ず会える！＞

一番新しいキャラグリスポット、ウッドチャック・グリーティングトレイルは要チェック！（佐賀県／33歳／ドナ）
場所　ウエスタンランド

グーフィー ＜ラッキーなら会える！＞

ミッキーの家から出てきたら、グーフィーとマックス親子に会えた。この日はメインエントランスでもグーフィーを見たよ。（静岡県／40歳／ゆき）
場所　トゥーンタウン

 メインエントランスでのキャラグリは、公式HPでスケジュールが確認できるよ。インパ前に必ずチェックして！ 雨天時は、エントランスではなくワールドバザール内で行うよ。（山口県／20歳／はなはな）

基本攻略&ホテル

ディズニーリゾートでキャラクターに会いたいのなら、
「キャラクターグリーティング施設」、「キャラクターダイニング」、
「フリーグリーティング」の３つをチェック！

食事も楽しめるキャラクターダイニング　ランド「リロのルアウ＆ファン」

ランドのポリネシアンテラス・レストランでは、キャラクター出演のステージショーを見ながら
ランチを楽しめる「リロのルアウ＆ファン」をやっているよ。スティッチをはじめ、ミッキーや
チップ＆デールなどのキャラクターがテーブルに来てくれる。もちろん、写真撮影もOK。

他にもたくさんあるよ！　キャラクターダイニング or ショーがあるレストラン

場所	時間帯	ショー名	会えるキャラ
ポリネシアンテラス・レストラン	ディナー	ミッキーのレインボー・ルアウ	ミッキー、ミニー
クリスタルパレス・レストラン	ブレックファスト	ディズニーキャラクターブレックファスト	プー、ティガー、イーヨー、ラビット、ピグレット
ザ・ダイヤモンドホースシュー	ランチ	ホースシュー・ラウンドアップ	ウッディ、ジェシー、ブルズアイ
ザ・ダイヤモンドホースシュー	ディナー	ザ・ダイヤモンドホースシュー・プレゼンツ "ミッキー＆カンパニー"	ミッキー、ミニー、ドナルド
ケープコッド・クックオフ	終日	マイ・フレンド・ダッフィー	ダッフィー、シェリーメイ、ミッキー、ミニー、ジェラトーニ
ホライズンベイ・レストラン	HP要確認	ディズニーキャラクターダイニング	ミッキー、ミニー、プルート

ミッキー・ミニー・グーフィー　必ず会える！
ミッキー&フレンズ・グリーティングトレイルは穴場！　並んで待てば、探検家姿のミッキー・ミニー・グーフィーに必ず会える。ランドのミート・ミッキーより待ち時間は短い。（福島県／22歳／なっちゃん）　**場所** ロストリバーデルタ

アリエル　必ず会える！
アリエルのグリーティンググロットでは、貝の中に座った人魚姿のアリエルに会えるよ。（栃木県／29歳／まっつん）　**場所** マーメイドラグーン

シェリーメイ　必ず会える！
シェリーメイに会いたいならウォーターフロントパークへ。待っていれば必ず会えるよ。（沖縄県／27歳／えつこ）　**場所** アメリカンウォーターフロント

TDS

ジャスミン　ラッキーなら会える！
歩いていたらジャスミンに遭遇！　かなり長い間写真撮影やサインをしてくれたよ！　アラビアンコーストでジャスミンを見たのは3回目！（埼玉県／37歳／ジーニー）　**場所** アラビアンコースト

ジーニー　ラッキーなら会える！
「サルタンズ・オアシス」の前でジーニー発見！　ここはアラジンキャラに会える可能性が高いよ。（千葉県／22歳／ランプ）　**場所** アラビアンコースト

マリー　ラッキーなら会える！
エントランスのディズニーシー・プラザにマリーが！　誰が出てくるかは当日のお楽しみだけど、うれしかった。（宮城県／25歳／まりー）　**場所** エントランス

スティッチ　待ってれば会えるかも
シンドバット前のキャラグリスポットでアラビアンの格好のスティッチに会えたよ。（香川県／30歳／まゆまゆ）　**場所** アラビアンコースト

ちょい足し情報 ＋ フリーグリーティングは運次第だけど、そのキャラにちなんだアトラクション周辺は、やっぱり会える可能性高い！　会えた時には、順番を守って、キャラクターと触れ合おう。（新潟県／26歳／たいたん）

密かなブームに？
隠れミッキーを探せ！

ディズニーランド

1 蒸気船マークトウェイン号の乗り場にある船の模型にあります！ 船の最上階、船首に近いところのポールとポールの間に注目。（埼玉県／25歳／さゆり）

2 ビッグサンダー・マウンテンの入り口そばにあるサボテンのてっぺんがミッキー。（青森県／18歳／やまさん）

3 カントリーベアーシアターは隠れミッキーの宝庫！ 待合室の絵やポスターをよーく見てみて。ヒントはポストカードの中の女優ベアの顔。（滋賀県／39歳／じゅんじゅん）

4 トゥーンタウンのミッキーの赤いクルマのエンブレムがミッキー型。後ろのスペアタイアと地面のタイヤ跡にも隠れミッキー♪（神奈川県／18歳／三四郎）

5 クリッターカントリーで地面を見ると、あちこちにリスやネズミ、ウサギなどの小動物の足跡が。その足跡の中にもミッキーが！ 何の動物の足跡なんでしょうかね〜。（富山県／23歳／ちゅう）

6 トムソーヤ島にも隠れミッキー発見！ イカダ乗り場や、イカダ内の葉っぱにミッキー多数。探してみて！（香川県／48歳／うどんこっこ）

7 ハンドウォッシングエリアで出てくるソープの泡はミッキーの形で出てきます。手を洗うのがもったいなーい。クリッターカントリーにあるよ。（兵庫県／34歳／さやか）

> **ちょい足し情報＋** アラビアンコーストにある「マジックランプシアター」では隠れミッキーならぬ「隠れジーニー」がいます。アトラクション入場前のタペストリーや、入った後の壺に注目ですよ。（長崎県／26歳／ソーヴィニヨン・ブラン）

基本攻略&ホテル

ディズニーパーク内に数多くある「隠れミッキー」。
わかりやすいのもあれば、「え?!こんなところに!」というくらい難しいのも。実はキャストですら、全数を把握できていないとか。
探しながらパークを歩くのもまた新しい発見がありそう!

ディズニーシー

1 「ジャスミンのフライングカーペット」の壁画にあるのは有名ですが、スタンバイ列の金色の台みたいなところも小さくミッキー型にくぼんでいます。(愛媛県／18歳／みかんちゃん)

2 マーメイドラグーンはシーの中で一番隠れミッキーが多い気がする!「トリトンズ・キングダム」の入口付近の柱が一番見つけやすいかな。(群馬県／25歳／しょーちゃん)

3 「タワー・オブ・テラー」の出口付近にもあるよ。降り、建物を出てすぐファストパスの発券所の石造りの柱の下部分、くぼみがミッキー。(東京都／38歳／りょうちん)

4 「マジックランプシアター」のショーの途中、ジーニーが描く化学式の中に一瞬隠れミッキーがいました!(秋田県／35歳／だいすけ)

5 マーメイドラグーンからミステリアスアイランドへ抜けていくトンネルにある隠れミッキーは難易度高。(鹿児島県／48歳／さつま霧島)

6 エレクトリックレールウェイのポートディスカバリー駅のスタンバイ列両サイドにある大きな2枚の絵の中も、ミッキーいっぱい。ウミガメの顔を見てみて。(鳥取県／12歳／こうた)

番外編

超レア! 隠れドナルド&隠れグーフィー

ホーンテッドマンションのアトラクションが始まってすぐ、本棚の並ぶ書斎の部屋の椅子の模様が「隠れドナルド」です。(山口県／19歳／ふみふみ)

シーの「ヴァレンティーナズ・スウィート」にある、美女と野獣の絵の中に「隠れミッキー&隠れドナルド」があります。1か所で2度楽しめる絵です。(千葉県／26歳／よしお)

トゥーンタウンのミッキーの家にある自動演奏のピアノのミュージックロールに「隠れグーフィー」がいました。ミッキーだけじゃないんですね。(宮城県／20歳／たいき)

ちょい足し情報 隠れミッキーは、その日にもらえる「Today」のパンフレットにもあるんだって。私が行った日のパンフレットの隠れミッキーは超難しかった〜。でも、並んでいる間の暇つぶしにピッタリでした! (三重県／30歳／牡蠣大好き)

031

わくわく体験！
パーク内の演出・しかけを楽しもう

ランド
何が聞こえるかは確かめてみて
モンスターズ・インク"ライド＆ゴーシーク！"のFP発券機にチケットを入れると奇妙な笑い声が聞こえるよ。(熊本県／18歳／受験生)

ランド
木彫の像から？
アドベンチャーランドの木彫りの像からは、エキゾチックな太鼓の音が。(新潟県／22歳／みすず)

ランド
からくり時計の秘密
イッツ・ア・スモールワールドの外のからくり時計は15分おきに人形が出てくるよ。人形が戻った後に鳴る鐘の音が時刻を示しているんだって。(福岡県／12歳／ミキティ)

ランド
しかけいっぱいトゥーンタウン
トゥーンタウンにはしかけがいっぱい！ しゃべるポスト、自分に電話を掛ける電話、踏むとしゃべるマンホールはトゥーンタウン内10個中1個だけだから探してみて。(埼玉県／31歳／みっちー)

ランド
昔使われていたゲームがここで！
インパしてすぐ、ワールドバザールの「ペニーアーケード」では、昔アメリカで本当に使われていたクラシックなゲームができるよ。(福岡県／12歳／ミキティ)

ランド
がんばれ！ プーさん
プーさんのハニーハントのそばにあるポップコーンのワゴンは、プーさんが一生懸命バーを回しながらポップコーン作りしていて可愛い。味はもちろんハチミツ。(福井県／24歳／かなえ)

ちょい足し情報 「白雪姫のグロット」からは、ときどき白雪姫が歌う「アイムウィッシング」の美しい歌声が流れてきます。「願いの井戸」という通り、願い事をすると叶うらしいよ。(山形県／26歳／ミシュランひとつ星)

基本攻略&ホテル

「隠れミッキー」だけでなく、パークにはさまざまなところに演出（しかけ）がいっぱい！　細かいしかけが心をくすぐるよ。実際にしかけに触れられるところはぜひやってみて。

ランド　煙がモクモクと!?
クリッターカントリーのレストラン「グランマ・サラのキッチン」。煙突があり、ときどき白い煙が出てくるのが見られるんです。(鳥取県／32歳／ゆうゆう)

ランド　シンデレラ城の壁画に本物の宝石が？
12時直前にシンデレラが走り去る場面のモザイク画。その中の女性のイヤリングに本物の宝石が埋め込まれているとか。触ると幸せになれるとのウワサ。(秋田県／15歳／ゆき)

シー　赤い魔人が鍛冶職人に!?
アラビアンコーストの「アグラバーマーケットプレイス」付近にあるカマドには赤い魔人がいるよ。夕方以降魔人が鍛冶職人のように鉄を叩いてました。(佐賀県／22歳／はなわ)

シー　こんなところにワイン畑！
イタリアの港町をイメージしたメディテレーニアンハーバーにはぶどう畑が！　向かいの「ザンビーニ・ブラザーズ・リストランテ」ではもちろんワインが飲めます。(愛媛県／28歳／いよかんいい予感)

シー　目の前に間欠泉が！
シーを周遊する「トランジットスチーマーライン」に乗っていたら、間近で間欠泉が吹き出して大迫力！　圧巻でした。(東京／15歳／パイナポー)

シー　ショーは不定期
トイビル・トロリーパークでは、ミスター・ポテトヘッドと一緒に歌ったりゲームをしたりできるんです。ショーは不定期なので会えたらラッキー！(宮城県／18歳／チョコパイ)

ちょい足し情報＋　トイビル・トロリーパークでは、レトロゲームが楽しめるカーニバルコーラルがあるよ！　「トイ・ストーリー・マニア！」に乗れなかった子どもが意外とハマってました。ブルズアイが目印。(神奈川県／40歳／トイマニ)

033

ベストショットが撮れる場所

\\ ステキな思い出を切り取ろう！//

写真がキレイに撮れる「フォトスポット」のほか、パークにはどこを撮影しても絵になるところがいっぱい！ 下記を参考に、お気に入りのシーンを切り出そう。

ランド

お姫さま気分で！ シンデレラ城前の広場はあちこちのあしらいが素敵。プリンセスになりきってパシャリ。（岡山県／17歳／きびだんご）

胸キュン♪ミニーの家 女子ゴコロをくすぐるミニーの家は、かわいすぎて友だちと写真撮りまくり♪（山梨県／20歳／みゆ）

待ち時間長いけど… プーさんのハニーハントはスタンバイ長いけど、中が写真撮りたくなるスポット多くて、待ちが苦じゃないよ。特に大きな絵本がキュートです。（岐阜県／13歳／きらきら）

意外なコラボ スイスファミリー・ツリーハウスの頂上から記念撮影。バックのシンデレラ城との意外な組合せが◎（大阪府／42歳／あめちゃん）

本当の宇宙みたい ベタかもだけど、スペースマウンテンの夜景。本当に宇宙空間っぽくてドキドキする。（岩手県／12歳／コスモ）

最初のワンカットに！ 忘れがちだけど、インパしてすぐのミッキー花壇はいつ見ても花いっぱいでキレイ。イベントごとに花のあしらいが変わるんだって。絶対写真に収めたくなる。（高知県／39歳／きらきらひかる）

シー

夜がキレイなトイ・マニ周辺 トイ・ストーリー・マニア！で撮るなら夜もオススメ！ ライトアップのキラキラが半端ない！（和歌山県／19歳／まりりん）

クラッシックカーに乗りながら ビッグシティ・ヴィーグルのクラッシックカーに乗りながら、ニューヨークみたいな街並みをいっぱい撮影。車種もいろいろで楽しい。（奈良県／19歳／ミニカー大好き）

海底世界がイチオシ マーメイドラグーンのカラフルな世界観は外せない！（和歌山県／19歳／まりりん）

ダッフィーがいっぱい♡ ケープコッド・クックオフのテラスやお庭風のところに置かれているものがダッフィーいっぱい、レトロな雰囲気で癒されます。（秋田県／36歳／けいけい）

夕暮れどきはポートディスカバリー！ 季節によるかもだけど、夕方〜夜のポートディスカバリーあたりは、夕暮れの雰囲気がどこを撮影しても映えます。（愛知県／33歳／まおちゃん）

アラビアンナイトの世界 キャラバンカルーセルの宮殿は、エキゾチックな雰囲気が漂う一枚が撮れるね。日本にはそうない建物だし、いい感じ。（富山県／45歳／パンよりコメ派）

ちょい足し情報＋ 行く前にInstagramでオシャレ写真をチェックしていくと、当日後悔ないいい写真を撮れるよ。ダッフィーとか撮影小物を忘れずに。自撮りのときはメイクやアクセもかわいくね。（北海道／20歳／インスタ好き）

基本攻略&ホテル

夢の世界がそのまま続く
ディズニーリゾートのホテル に泊まろう!

魔法の世界に浸れる3つのディズニーホテルと、リゾート内にあって便利なオフィシャルホテル。それぞれに個性豊かなホテルの魅力と活用法をご紹介。

東京ディズニーランドホテル

夢と魔法にあふれたエレガントなホテル。ディズニーホテル最大スケールの706室を誇り、TDLに最も近い。人気キャラをテーマに部屋をデザインした4種類の「キャラクタールーム」が特に人気。

DATA ★最寄り駅／JR舞浜駅から徒歩8分、またはディズニーリゾートライン乗車、「東京ディズニーランド・ステーション」下車徒歩約1分 ★TDLへ／1階エントランスを出て徒歩すぐ ★TDSへ／ディズニーリゾートラインで約7分「東京ディズニーシー・ステーション」下車 ★問い合わせ／東京ディズニーランドホテル：047-305-3333（予約以外）

女の子の好きなものがいっぱいのアリスルームで女子会!

学生時代の仲良し4人組でプチ同窓会。アリスルームをチョイスして、思いっきりラブリーに過ごしました。ほかにはティンカーベルとシンデレラ、美女と野獣の部屋があるんだって。制覇したい!（大阪府／23歳／アリス大好き）

おみやげはホテルで購入のんびり選べてらくちん

インパ中におみやげを買うのは一苦労。だからうちは、ホテル内の「ディズニー・マーカンタイル」で一気に調達。8時から23時まで開いていて、時間も有効に使えるよ。ホテルでしか買えないオリジナル商品もあり。（群馬県／18歳／ナツ）

壁紙から絨毯までディズニーキャラターづくし!

優美なヴィクトリア朝様式建築のあちらこちらにディズニーキャラクターが潜んでいます。エレベーターのアナウンスもミッキーでびっくり! どっぷりディズニーに浸れます。（宮崎県／42歳／ローズ）

あこがれのプリンセスに変身!ビビディ・バビディ・ブティック

小学生までの女の子をディズニープリンセスに変身させてくれるサロン。シンデレラ、ベル、オーロラ、ラプンツェル、アナ、エルサの6人の中から、ドレス・ヘア・メイクを選べる。希望日の1か月前からの予約制。写真撮影サービスもアリ。

とにかく予約がとりにくい。予約日の午前中はキャンセルや変更が出やすいのでこまめにチェック。（京都府／43歳／ゆかり）

どちらかというとランド内のビビディ・バビディ・ブティックの方が予約をとりやすいみたい。（宮城県／35歳／キャット）

部屋の正面にTDLが!プロジェクションマッピングも迫力

TDLの正面に位置するだけあって、部屋によってはパーク内がよく見えます。シンデレラ城のプロジェクションマッピングがきれいに見えて感動しました。（兵庫県／29歳／優香）

ちょい足し情報 ➕ 朝食は「シャーウッドガーデン・レストラン」でブッフェ。6:30からだからインパまでのんびりできます。子ども用のお皿はミッキー型で、低めのブッフェ台もありました。（福井県／32歳／Tomoko）

035

東京ディズニーシー・ホテルミラコスタ

TDSの中にあるホテル。名前が「海を眺める」という意味を持つだけあって、港の美しい眺望を臨める。イタリアンクラシカルな建物やインテリア、上質のサービスで大人にふさわしい贅沢な時間を過ごそう。

DATA ★最寄り駅／JR舞浜駅からディズニーリゾートライン乗車、「東京ディズニーシー・ステーション」より連絡通路で直結 ★TDLへ／ディズニーリゾートラインで約5分「東京ディズニーランド・ステーション」下車 ★TDSへ／連絡通路で直結 ★問い合わせ／東京ディズニーシー・ホテルミラコスタ：047-305-2222（予約以外）

特別な日には ワンランク上のお部屋をキープ

結婚10周年はここって決めてました！ホテル最上階のテラスルームを予約して、ルームサービスでランチタイム、夜のショーもここで見ました。その日はインパしませんでしたが、大満足です。(京都府／42歳／ダッフィーの妻)

ホテル専用通路で TDSに直接行き来できる

1階にある専用ゲートからTDSに直接ゴー。ゲートでパークチケットとハンドスタンプを提示すれば再入園もできるから、ランチはホテルでいただきました。なお、ハッピー15エントリーの入園はここからはできないので注意。(栃木県／48歳／茜)

ホテルオリジナルの ミッキーグッズをおみやげに

ホテル内ショップの「ミッキランジェロ・ギフト」には、ミラコスタのオリジナルグッズがいっぱい！　とにかくかわいいし、ここでしか売っていないので、ちょっと自慢できるおみやげに。(愛媛県／22歳／きょうこ)

ゴージャスなスパで 身も心もリラックス♪

遊び疲れてくたくた、そんな時は「テルメ・ヴェネツィア」へ。プールやジャグジー、スパやスチームサウナまで揃っていてのんびり。バーもあって、ビールがおいしかった！(栃木県／35歳／RYO)

タイミングを合わせて レストランからショーを鑑賞

レストランの「オチェーアノ」（ブッフェまたはコースを予約した人のみ）と「シルクロードガーデン」（コースを予約した人のみ）では、時間が合えば、メディテレーニアンハーバーの水上ショーを専用テラスから見られる。

デートで奮発して「オチェーアノ」のディナーコースを予約しました。ショーを眺めながら、彼女はうっとりしてました。(埼玉県／35歳／ジョージ)

ロビーラウンジ「ベッラヴィスタ・ラウンジ」は、多くの席でハーバーショーが鑑賞できるんです。雰囲気もいいのでおすすめですよ。(和歌山県／43歳／額田姫)

人気日にホテル予約の確率を高めるコツ

- ●予約は半年前のAM11時〜。電話は10時59分50秒くらいにかけて、音声案内はすっとばす。ネットはログインしておき、時間ぴったりに選択。(東京都／27歳／えりか)
- ●旅行代理店の人と仲良くなってリークしてもらってます。(大阪府／43歳／ポポ)
- ●希望のホテルがなかったら他のホテルを申し込んで予約金を払い、キャンセルが出次第スライド。ディズニーホテル同士ならキャンセル料がかからない。(秋田県／39歳／ゼブラ)
- ●キャンセル料が発生する14日めの、数日前からキャンセルを毎日チェック。(福岡県／50歳／T)

ちょい足し情報 ミラコスタの部屋から掃除やショーの練習風景など、閉園後のパークを覗くことができるんです。気づいたら手を振ってくれることもあって感激。(兵庫県／29歳／カカオ豆)

基本攻略&ホテル

ディズニーアンバサダーホテル

日本で最初のディズニーホテル。デザインのテーマはクラシカル・ミッキーが活躍した1930年代に流行したアールデコ調。ラグジュアリー＆スタイリッシュな空間に、ディズニーのテイストがぴったりとマッチ。

DATA
★最寄り駅／JR舞浜駅から徒歩8分
★TDLへ／ディズニーリゾートラインで約2分「東京ディズニーランド・ステーション」下車
★TDSへ／ディズニーリゾートラインで約10分。「東京ディズニーシー・ステーション」下車
★問い合わせ／ディズニーアンバサダーホテル：047-305-1111（予約以外）

ミッキーマウスルームでどっぷりミッキーの魅力を満喫

念願かなってミッキーマウスルームに宿泊。入ればもう、じゅうたんも壁紙も、ベッドカバー、アメニティに至るまですべてがミッキー！ミッキー！ミッキー！ミッキーファンなら一度は泊るべし！（奈良県／32歳／ミッキー大好き）

誕生日以外も利用したい！ケーキのルームサービス

3日前までに予約しておけば、チェックイン前に客室にスイーツが届くよ。顔はショートケーキ、耳はチョコレートムースでかわいいの。パーク内は混雑して大変だったけど、元気出してアフター6から行ってきました！（鹿児島県／29歳／ナツ）

とにかくかわいい！ドナルドの記念品ポーチ

ドナルドダックルームに宿泊するともれなくもらえるオリジナルのポーチがかわいすぎる。もちろんドナルドがあしらわれているデザインですよ〜。（岩手県／22歳／デイジー）

誕生日の日にミッキーからメッセージが！

娘のお誕生日プレゼントに宿泊しました。そしたら留守番電話にミッキー達からのバースデーコールが！ ちなみに設定すればミッキーからのモーニングコールを受けられます。（石川県／37歳／ひろ）

キャラクターに会える唯一のホテル

「シェフ・ミッキー」はディズニーの仲間たちがテーブルを訪れる"ディズニーキャラクターダイニング"。朝食は宿泊者のみの特権。予約制なので宿泊申し込み時にはお忘れなく。ランチ・ディナーは宿泊者でなくても利用できる。

朝食の時間に、ミッキーがテーブルまであいさつに来てくれた！ 孫はハグしたり、写真をとったり大騒ぎ。（岩手県／63歳／ローズ）

72歳の母の誕生日のためにランチを予約。キャラたちと写真を撮って、サインまでもらえたの！ プレゼント（有料）ももらって大満足。（東京都／45歳／COO）

宿泊者だけの特典がいろいろ！

● 入園保証はもちろん、15分前にパークに入れる「ハッピー15エントリー」※1で早めインパ。ただし、宿泊客ですごく混むので、時間より早く専用入口で待機してね。（鳥取県／29歳／かぐや）

● ホテルでパークチケットが買える。初日から2つのパークを行き来できる「マルチデーパスポート・スペシャル」※2がおすすめだよ！（青森県／38歳／あまちゃん）※2 ディズニーホテルのみ

● 舞浜駅から直接インパする際に、「ウェルカムセンター」で荷物を預かってホテルまで送ってくれるよ！ らくちんだし、時間も節約できる。（高知県／43歳／らんらん）

※1 ディズニーホテルのみ。ディズニーランドは、2018年4月16日〜2020年春のメインエントランス工事により、パーク開園30分前から入園開始となる。

ちょい足し情報＋ ディズニーホテルではどこでも「ディズニーチャンネル」が見放題！ 朝が苦手な息子たちもテレビにつられて早起きしてました。BGMとしてつけておいても◎。（福岡県／36歳／ジャッキー）

037

東京ディズニーセレブレーションホテル

2016年に登場した4番目のディズニーホテル。リゾートからは少し離れた新浦安エリアにあるが、価格は他のディズニーホテルよりもリーズナブル。「ディスカバー」と「ウィッシュ」、2つの雰囲気の異なる棟に別れている。

DATA ★最寄り駅／JR新浦安駅下車。南口バスターミナルより東京ベイシティバス3番、11番、23番系統で約10～15分、「ベイサイドホテルエリア」下車
★TDL・TDSへ／各パーク行きの専用無料シャトルバス「ウィッシュ＆ディスカバー・シャトル」で約20分
★問い合わせ／東京ディズニーセレブレーションホテル：047-381-1188（予約以外）

壁一面に描かれた絵がキュート パークの余韻にひたれる部屋

バリュータイプだけあって、他のディズニーホテルより簡素ですが、壁のイラストは圧巻。それぞれキャラがパークのアトラクションを楽しんでいるんです。眺めているとパークの雰囲気を思い出せますよ。(滋賀県／38歳／かぜ)

軽食ながらもボリューミー しっかり朝食が食べられるブッフェ

このホテルにはレストランはなくて、朝食専用のカフェがあるよ。軽食とは言っても、卵料理などのおかずや、フルーツもあったから満足。ブッフェスタイルだから好きなものを食べたいだけ食べられて便利でした。(秋田県／25歳／小野こまち)

東京ディズニーリゾート内の移動

パークでの体力を温存するためにも、移動には、リゾート内を1周するモノレール（ディズニーリゾートライン）や、リゾート内の各施設をつなぐシャトルバス（ディズニーリゾートクルーザー）を上手に利用しよう。いずれもディズニーのキャラクターやデザインが豊富にあしらわれ、乗っているだけでも楽しめる。

ディズニーリゾート周辺マップ

ちょい足し情報＋ ディズニーリゾートラインは、イベントなど、時期によって外観が変わるときがあるよ。そのときのイチオシキャラになることが多い。それを見るのも楽しみの1つ。(埼玉県／29歳／あのころ)

基本攻略&ホテル

東京ディズニーリゾート・オフィシャルホテル

東京ディズニーリゾート内にある提携ホテルで、特典もいろいろ！　それぞれ個性やサービスに違いがあるので好みや利用目的に合わせて選ぼう。

サンルートプラザ東京
船や海がテーマの客室で
パパも子どもも航海気分！

うちの定番は「クルージングキャビン」。本物の船の部屋のように冒険気分が盛り上がります。夏の「海のお友達ルーム」も◎。時期で変わる「デコレーションルーム」の1つで、子どもが気に入っています。徒歩圏内だけどシャトルバスが出ているのもありがたかったです。(茨城県／39歳／さおりん)

東京ベイ舞浜ホテル
スパ施設が充実
遊び疲れもすっきり解消！

パークで思いっきり遊んだら、宿泊ゲスト専用のスパへ。大浴場にサウナ、ジャグジー、さらに女性用にはミストサウナまであるから、遊んだ疲れもすっきり解消。3歳以下は入れないけど、母いわく部屋にも広めのバスルームがあって、ゆったり快適に過ごせたそうです。(新潟県／33歳／たま)

東京ベイ舞浜ホテルクラブリゾート
開放感あるアトリウム
海を臨むダイニングで朝食を

南仏風のホテル。広々としたアトリウムでリゾート気分を満喫。海を臨む部屋からは夜景がきれいだし、朝の海もサイコー。朝食はダイニングスクエア「ジ・アトリウム」の舞浜スマイルバーガー。目の前で分厚いパテを焼いてくれて、朝からテンションアゲアゲです！(神奈川県／23歳／ミキティ)

ヒルトン東京ベイ
バラエティ豊富な客室で
両親も子どもたちも大満足

絵本には入り込んだようなハッピーマジックルームは子どもたちに大人気。だけど、両親は落ち着かないようでシンプルなヒルトンルームにしました。それぞれ好みの部屋でみんな大満足でしたよ。あと、おみやげを買いそびれたときに、ディズニーショップがあって助かりました！(鹿児島県／41歳／チコ)

ホテルオークラ東京ベイ
ゴージャスな雰囲気はさすが
和室は外国人やシニアにも人気

やっぱりオークラは安定のくつろぎ感。スタンダードな部屋からゆったりしているし、お風呂は大理石づくり。でも、私がよく利用するのは、珍しく和室があるから。小さい孫にも両親にも快適だし、外国人の知人を接待するときもおもしろがってくれる。頻繁に利用しています。(東京都／58歳／たかし)

シェラトン・グランデ・トーキョーベイ・ホテル
いろいろ揃って快適！
パークを熟知したスタッフが常駐

実は初めてのディズニーリゾート。勝手が分からず心配でしたが、このホテルのゲストエクスペリエンスマネジャーにいろいろ聞いて、効率よく快適にインパを楽しむことができました。スパもお店も揃っているし、朝食はクチコミサイトで上位とか。総合点が高いホテルです。(沖縄県／29歳／イルカ)

ちょい足し情報 ➕ 三世代でインパするなら、ホテルオークラ東京ベイやシェラトン・グランデ・トーキョーベイ・ホテルの和室。布団もあるし、お風呂が温泉風で落ち着きます。(愛知県／43歳／太郎)

綴じ込みマップの使い方

広いパークをまわるのは大変だから、事前に全体MAPでお目当ての場所をチェックしておこう。計画を立てる時は「書き込み式インパーク予定表」を使うと便利。ここでは全体MAPの見方と予定表の使い方をご紹介!

書き込み式インパーク予定表

3つのステップに分けて予定を組めるようになっているよ。パークへ行く日が決まったら、休止中のアトラクションを必ずチェックしよう。乗りたいアトラクションや観たいショー、行きたいレストランを全て制覇するためにも、時間をかけてプランをじっくり練っておこう!

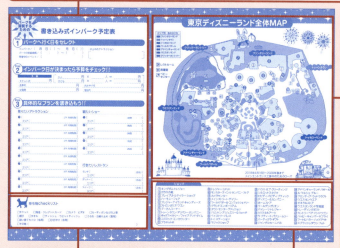

全体MAP

綴じ込みマップの表は「東京ディズニーランド全体MAP」、裏は「東京ディズニーシー全体MAP」になっているよ。この全体MAPでは、各アトラクション、レストラン、ショップ、トイレ、救護室、ベビーセンターのおおよその位置を示しているよ。

※予告なくパークの状況が変更になる場合もあります。現地では、各パークで配られるガイドを利用されることをおすすめします。

持ち物checkリスト

当日忘れ物がないように、でかける前には持ち物リストをつくって入念にチェック。暑さ寒さ対策は万全にしておこう。自分で必要な物を加えてオリジナルリストを作るのがおすすめ。

本文中の「MAP」や「全体MAP」の番号と、綴じ込みマップの番号は対応しています。

040　ちょい足し情報　➕　パークでは「アトモスフィア」というショーがあるよ。キャストが演奏や大道芸をやっているんだ。スケジュールは発表されていないから、見かけたらラッキー。(東京都/37歳/でかぴ)

アトラクションに乗りまくるコース

9:30

スティッチ・エンカウンター

比較的新しいアトラクだから、狙っている人も少なくない。ゲストがプーさんなど他の人気アトラクに流れがちなこの時間におさえておこう。(石川県／22歳／梅干)

12:00

ピーターパン空の旅

人気があるわりには回転率が悪いため、意外と混むのがピーターパン。比較的空くランチ時間を利用して乗るのが吉。(千葉県／33歳／ゾロリ)

14:00

モンスターズ・インク"ライド＆ゴーシーク！"

モンスターズ・インクは、TDLで1、2を争う人気アトラクション。FPは10時台にはなくなってしまうから、朝イチでゲットすべし。(静岡県／24歳／熊さん)

FP使用

スプラッシュ・マウンテンの **FP** をゲット
17時台

8:00
OPEN

モンスターズ・インク
"ライド＆ゴーシーク！"
の **FP** をゲット
14時台

ビッグ サンダー・マウンテンの **FP** をゲット
21時台

グランドエンポーリアムでお土産探し

16:30

カリブの海賊

足が痛くなってヘトヘトになる夕方によく乗ります。乗車時間が長いからいい休憩になるし、ジャック・スパロウはカッコいいしで一石二鳥！(埼玉県／34歳／エイドリアン)

10:30

キャプテンフックス・ギャレーで早めのランチ

ランチは混まないうちに、軽食でサクッと済ませよう。ココのピザはもっちり食感で腹持ちも◎。テラス席があるから座って食べられるよ。(栃木県／19歳／おとめ)

13:00

イッツ・ア・スモールワールド

2018年4月にリニューアルしたのでチェックしておきたいアトラクションの1つ。しばらくはFP対応もしています。(愛媛県／48歳／MIKA)

スタンバイ

042 | ちょい足し情報 ➕ | 実は「キャプテンフックス・ギャレー」のテラス席からも、パレードを見ることができるんだ。木とかが少しじゃまなんだけど、結構近くで見えるよ。(神奈川県／31歳／ぺらるーし)

ディズニーランド

攻略メモ

1 超人気アトラクションのスタンバイ利用は、パレードやショーの間を狙う。

2 午前中orランチタイム後〜夕方の混雑時間は、人気アトラクション以外の施設へ。

3 "乗った気分"を満たしたいなら、体験時間の長いアトラクションを利用！

17:15 ウエスタンリバー鉄道
ウエスタンリバー鉄道は、明るいうちに乗るのがベター。夜は暗くて、周りがよく見えなくなってしまうよ。夕方までに乗車しよう。（神奈川県／25歳／鉄）

20:00 プーさんのハニーハント
パレードの間にスタンバイが◎。ピーク時の半分の時間で乗れることも多いよ。運がよければスタンバイ中にパレードが見られることも。（茨城県／35歳／和）
スタンバイ

20:50 キャッスルプロジェクション
1日に2回公演があるなら、2回目がおすすめ。1回目より混雑しないからね。城から遠かったり多少見づらい場所でも雰囲気は楽しめるよ。（兵庫県／26歳／餡子）

CLOSE

18:30 ハングリーベア・レストランでディナー
腹ペコにすすめたいのがこの店のカレー。ラージサイズがあるから満腹になれるよ。他のレストランと比べて混まないのもよし。（鹿児島県／17歳／マンモスのキング）

21:30 ビッグサンダー・マウンテン
夜のライドが僕のイチオシ。周りが暗いせいか、スリル度が増す気がするよ。しかもタイミングが合えば目の前に花火が見られるんだ。（千葉県／22歳／うらルー）
FP使用

17:45 スプラッシュ・マウンテン
3大マウンテンの中で一番人気がコレ。混雑日はスタンバイだと2時間以上待つので、時間を有効に使いたいならFPは必須。（長野県／26歳／うり）
FP使用

ディナー利用で穴場のレストランが、「ヒューイ・デューイ・ルーイのグッドタイム・カフェ」。夜はトゥーンタウン自体が空いているから、席が確保しやすいよ。（京都府／41歳／桜の細道）

ショーを
ガッツリ楽しむコース

8:45
ミッキーの フィルハーマジック

ミッキーやドナルドの魔法のコンサートは、空いている朝イチに楽しんじゃおう。楽しいステージを見れば気分もUP！（山形県／16歳／mie）

11:30
魅惑のチキルーム：スティッチ・プレゼンツ "アロハ・エ・コモ・マイ！"

待ち時間も少なめでサクッと入れるのがチキルーム。美しい歌声を持つハワイの鳥たち×スティッチがなかなかおもしろい！（群馬県／43歳／花）

12:30
リフレッシュメントコーナーで軽食ゲット

ここのホットドッグは食べ歩きもしやすいし、おいしいので何度もリピしているよ。（新潟県／38歳／飛鳥）

8:00
OPEN

プーさんのハニーハントの FP をゲット
13時台

13:00
プーさんのハニーハント

ランドでもトップクラスの人気だから、FPは午前中になくなってしまうことも多いよ。狙うなら、開園すぐにFPをゲットしに行って！（神奈川県／29歳／マリーLOVE）

FP使用

10:30
ホーンテッド マンション

このアトラクの混雑ピークは午後。スタンバイ狙いなら午前中がよし。ハロウィン・クリスマス時期は人気なので、FPを取った方が無難かも。（三重県／25歳／ふみい）

スタンバイ

14:00
ドリーミング・アップ！

キャラをしっかり見たり、写真を撮りたいなら、トゥーンタウンがおすすめ。通路の片側にしかゲストがいないから、必ずキャラがゲストの方を向いてくれるんだ。（東京都／27歳／わおん）

ちょい足し情報 ➕ パレードを座ってみたいならプラザの脇にあるベンチもおすすめ。私はいつもポップコーンを食べながら場所取りしています。（京都府／41歳／桜の細道）

044

ディズニーランド

攻略メモ

1 パレードが見えるレストランで、食事or休憩しながら鑑賞。

2 ショーの抽選はスマホのアプリを使って、移動中かスタンバイ中に。

3 パレードやショーの開始時間は事前にしっかりチェック!

16:00

ミッキーのレインボー・ルアウを見ながらディナー

2016年3月にスタートしたハワイアンディナーショー。まだまだ人気続行中だから、公式HPで早めの予約を忘れないように。(福島県／46歳／さおり)

`事前予約`

17:30

ワンマンズ・ドリームⅡ - ザ・マジック・リブズ・オン

2回目以降の公演は抽選で取れる座席指定券が必要な場合も。私は休憩中にアプリで抽選。抽選会場に行かずに済んで、時間を節約できたよ。(静岡県／32歳／チャさん)

`抽選`

19:30

エレクトリカルパレード・ドリームライツ

長年続くこのパレード、実は少しずつ変わっているよ。2017年のリニューアルでは『アナと雪の女王』が夜パレードに初登場したんだ。(埼玉県／35歳／1児の母)

CLOSE

18:30

トゥモローランド・テラスでパレードの見える席を確保

テラス席からパレードが見えると聞き、1時間前に席を確保。ミッキー型のサンドをぱくつきながらパレード鑑賞できました。(大分県／23歳／しえ)

20:50

キャッスルプロジェクション

お城の壁を使ったダイナミックなショーは必見。日によって開始時間が異なるのでスケジュールを立てる際に公式HPで確認しておくと失敗がない。(東京都／15歳／私はアナ)

15:15

カントリーベア・シアター

通常・夏・冬と、季節に合わせて3種類のショーを楽しめるよ。私のイチオシはクリスマスバージョン。3つの中で一番ショーの時間が長いんだよ。(山梨県／30歳／ひいらぎ)

ちょい足し情報 ＋ 「スーパードゥーパー・ジャンピンタイム」※は子どものためのショーなんだけど、大人も結構楽しめるよ。ミッキーが大人にも手を振ってくれるんだよ!(千葉県／31歳／あゆみ) ※2018年7月8日に終了

045

パークの雰囲気を味わうコース

10:00
蒸気船マークトウェイン号

定員が多いのであまり待たずに乗れますよ。3階からの眺めもいいですが、1階が比較的空いていておすすめ。優雅な船旅を楽しめます。（栃木県／26歳／美緒）

10:45
トムソーヤ島いかだ

トムソーヤ島へはいかだでGO。自然豊かな島での散歩は気持ちいいよ。船着場にある地図をもらうのを忘れないでね。（宮城県／45歳／yui）

12:00
クイーン・オブ・ハートのバンケットホールでランチ

内装もハートの形をした料理も全てがカワイイ！ 長めにランチ時間をとって、『ふしぎの国のアリス』の世界観をたっぷり味わって。（茨城県／23歳／アマンダ）

8:00
OPEN

ビッグサンダー・マウンテンの **FP** をゲット
15時台

トムソーヤ島を散策

トゥーンタウンでしかけ探し

14:00
ミニーの家

オシャレなミニーのお家を訪問。持ち主に似てキュートな家具の数々にうっとりしちゃう。混んでないから、行きたい時に行けるのもいいよね。（千葉県／18歳／璃里）

9:00
クリスタルパレス・レストランのキャラクターブレックファスト

食事中にキャラがテーブルに来てくれるとあって大人気。HPでのPS予約が必須で、定員になると締め切ってしまうよ。早めに予約を。（大阪府／39歳／てっく）

PSで事前予約

15:00
オムニバス

2階建てバスでプラザを周遊！ いつもとは違った目線でパークを見られるので新鮮だよ。バスのデザインもレトロで◎。（埼玉県／27歳／だるメシアン）

046

ちょい足し情報 ➕ 「クリスタルパレス・レストラン」の『ディズニーキャラクターブレックファスト』は、パーク開園時間が10時の日はやらないよ。オフシーズンは注意！（東京都／24歳／佐々木）

ディズニーランド

攻略メモ

1 高い場所に行けるアトラクションで、パークの眺めを楽しむ。

2 しかけ満載のトムソーヤ島やトゥーンタウンをのんびり散策。

3 プライオリティ・シーティング（PS）で雰囲気のいいレストランを予約。

19:30

エレクトリカルパレード・ドリームライツ

開始30分前から待機して見やすい位置を確保。開始点付近で見れば早くに通過するから、その後の時間が有効に使えるよ。（静岡県／19歳／ふう）

18:30

ワールドバザールでお買い物

帰り際だとお店が混むから、空いているうちにおみやげをゲット。ワールドバザールにはさまざまな種類のお店があるから、お店めぐりも楽しいよ。（長野県／33歳／熊笹）

20:30

スイスファミリー・ツリーハウスで花火鑑賞

頂上はきらきら輝く夜景を一望できる、ランド随一の絶景スポット。空に近い分花火も迫力満点。葉がじゃまにならない位置取りをしよう。（鳥取県／25歳／てるてる）

CLOSE

17:00

ブルーバイユー・レストランで早めのディナー

夕暮れの蛍が飛ぶ入り江はムード満点。食事しながら「カリブの海賊」の船が水辺を進む様子も眺められるよ。人気レストランなのでPSが必須。（東京都／43歳／かしこ）

PSで事前予約

21:15

ジャングルクルーズ：ワイルドライフ・エクスペディション

断然ナイトサファリがおすすめ。最初に通る蛍の光に彩られた木のトンネルから、夜のジャングルの空気に圧倒されます。（群馬県／44歳／赤城の空っ風）

15:45

ビッグサンダー・マウンテン

アメリカの西部開拓時代の雰囲気満載。昼間に乗れば、岩山に住んでいるコヨーテやオポッサムが見られるよ。（岡山県／38歳／桃栗3年）

FP使用

ちょい足し情報 ➕ トゥーンタウンでぜひ見て欲しいのは、「ダウンタウン・トゥーンタウン」。建物にも道路標識にもギャグやしかけがたっぷりで、いくらいても飽きない。（宮崎県／15歳／アラジン）

047

ディズニーランドホテルにも泊まるコース

※2泊する場合

9:00
ミッキーの家とミート・ミッキー

ミッキーに会えると大人気なミート・ミッキーは2時間待ちがざら。でもパーク開園直後に並べば1時間以下の待ち時間で会えることも。（千葉県／37歳／ちーばくん）

13:30
プーさんのハニーハント

FPを朝イチで取るならトゥモローランドを通るルートが◎。乗車後は隣のプーさんコーナーで、プーさんグッズをゲット！（埼玉県／19歳／クマ）

`FP使用`

11:00
ジャングルクルーズ：ワイルドライフ・エクスペディション

リニューアル前と大きな変更はないけど、細かい設定が変わっているんだ。例えばラスト。果物売りのサムが転職したよ。チェックしてみて！（愛知県／34歳／楽々）

7:45
ハッピー15エントリーで早めインパ

ディズニーランドホテルからパークへ

プーさんのハニーハントの`FP`をゲット
13時台

スプラッシュ・マウンテンの`FP`をゲット
21時台

12:00
リロのルアウ&ファンを見ながらランチ

キャラと触れ合えるショーで予約が取れない人気ぶり。ディズニーホテル予約者なら優先枠があるので、一般の人よりゲットできる可能性大。（山梨県／39歳／ぴくと）

`事前予約`

8:00
モンスターズ・インク"ライド&ゴーシーク！"のFPをゲット

オープン前にインパできたら、モンスターズ・インクのFP発券機の前で待機。開園時間直後に発券できれば、午前早めのFPを取れるよ。（福岡県／45歳／舞）

`9時台`

9:30
モンスターズ・インク"ライド&ゴーシーク！"

人気だからFPで待ち時間を少なくするのが鉄則。事前に映画を見ておくと、キャラや話が分かって数倍楽しめるよ！（新潟県／20歳／FSS）

`FP使用`

ちょい足し情報 ➕ 「ハッピー15エントリー」では、開園時間前でも一部のアトラクションに乗れるよ。時期によって乗れるものが違うから、公式HPで事前に調べてね。（広島県／46歳／さいこパパ）

ディズニーランド

攻略メモ

1 「ハッピー15エントリー」※1を利用して、開園15分前にインパーク。
※1 チェックイン当日は利用不可。

2 ディズニーランドホテルのレストランを使ってゆったり食事。

3 『ホテル予約者※2は一般の人より早くレストラン予約開始可能』のシステムを利用。

※2 ただし東京ディズニーリゾート公式HP及び電話予約での予約受付のみ。一部のレストランは除く

15:30

ロジャーラビットのカートゥーンスピン

夜以外は、いつの時間帯でも待ち時間に大きな差はないアトラクション。乗車時間が意外と長いから、たっぷり楽しんだ気分になれるよ。（東京都／41歳／JS）

18:00

シャーウッドガーデン・レストランでディナー

ホテル内のレストランを予約で押さえて優雅にディナー。早めの時間にすれば、部屋でひと休みしてからまた遊びに行けちゃうよ。（北海道／26歳／陸）

`PSで事前予約`

20:50

キャッスルプロジェクション

プラザパビリオン・レストランの前あたりで見るのがおすすめ。画面は少しゆがんでしまうけど、迫力は十分味わえます。（香川県／33歳／キヨ）

プーさんコーナーでお買い物

ホテルの部屋へ

17:00

スター・ツアーズ：ザ・アドベンチャーズ・コンティニュー

映画『スター・ウォーズ』の新作公開で再注目。2016年には『フォースの覚醒』、2018年3月までは『最後のジェダイ』シーンが追加になった。（三重県／45歳／SWファン）

`スタンバイ`

部屋で休憩

21:30

スプラッシュ・マウンテン

花火時間前後はクリッターカントリーが入場禁止になるよ。特にスタンバイで夜に乗る場合は時間に気をつけて。（京都府／24歳／栗栖）

`FP使用`

14:15

ドリーミング・アップ！

トゥーンタウン内は人気エリアなので混雑していますが、入口は多少空いているのでおすすめ。ファンタジーランド内はウエスタンランド寄りが混雑度が低めかな。（兵庫県／29歳／リッター）

ちょい足し情報 ➕ 「スター・ツアーズ」が僕のお気に入り。何十通りものストーリーがあるので、乗るたびに違っておもしろい。1回のインパで何度も乗ってしまいます。（埼玉県／50歳／コロコロ）

屋内アトラクション　MAP⑳

モンスターズ・インク "ライド&ゴーシーク!"

	DATA1
FP ファストパス	○
SR シングルライダー	×
身長制限	—
だっこOKか	×
平日待ち時間	約70分
休日待ち時間	約80〜150分

デート

にぎやか好き

フラッシュライトで、モンスターをみつけよう!

攻略　「バイバーイ」でハイ、ポーズ! 段ボールの中にカメラがあるよ!

ブーが「バイバーイ」と言いながら段ボールから出てきたら、写真を撮られる準備。ライドが止まったら、カシャッ! 書類が積まれた段ボールの方を向けば、カメラ目線で写るよ。(秋田県／26歳／ぴよ)

攻略　パーク限定のキャラクター「ロッキー」を探そう!

映画には出てこない、パーク限定のキャラクター「ロッキー」。オレンジ色のふわふわしたキャラだよ。ロッキーは、ライド中全部で5か所に隠れている。がんばって探してみて!(鹿児島県／33歳／ショーン)

ココをCHECK!

① スタンバイ中
円形ホールの天井には隠れミッキーがいる。ドアノブをじっくり見て。

② ライドの中盤
街中シーンでは高い位置にも注目! 頭上にもモンスターが隠れているよ。

③ ファストパス発券
ファストパスの発券機に耳を傾けてみて。笑い声や叫び声が聞こえるよ。

DATA2　★形式／ライドタイプ　★定員／1列3名(大人2名、幼児1名まで)　★所要時間／約4分　★注意／乗り物にひとりで座って安定した姿勢を保てない方は利用不可。子どもをひざに乗せた状態では利用不可。乗車中の撮影不可。

トゥモローランド／アドベンチャーランド／ウエスタンランド／クリッターカントリー／トゥーンタウン／ファンタジーランド／ワールドバザール

ディズニーランド

Q ライド中に撮影された写真は買えるの？

デート

販売していないので自分のカメラで撮って！

ライド中に撮られた写真は販売していないよ。アトラクションを降りてすぐのモニターに映し出されるので、大切な彼女との写真はしっかり自分のカメラに収めてこよう！（埼玉県／27歳／わんたろう）

Q アトラクションをより楽しむ方法は？

にぎやか好き

映画を見てから乗るのがオススメ

映画「モンスターズ・インク」の世界が忠実に再現されたアトラクション。キャラやストーリーを知っていると、より楽しめるよ！お気に入りのキャラを探しておくのもおすすめ。（栃木県／45歳／サリー）

Q ロズの言葉が毎回違っているってホント？

にぎやか好き

ゲストの特徴をとらえた言葉にびっくり！

ライドの最後に登場するロズの言葉をよく聞いてみよう。「そこのメガネのお兄さん」などのように、ロズはゲストを見ているみたい。毎回違う言葉にもびっくり。（愛知県／21歳／あおちゃん）

モンスターズ・インクのグッズをゲット！

SHOP モンスターズ・インク・カンパニーストア MAP 13

ランドでしか会えないロッキーのグッズならここ！マイクやサリーなどのモンスターズ・インクにちなんだおみやげもある。ライド中に撮られた写真もここでチェック！（東京都／29歳／よこみち）

DATA マイクのぬいぐるみ、サリーとマイクのキーチェーン　など

ちょい足し情報 ➕ 実は中に入ってからの待ち時間が長いんだ。外がガラガラでも安心しちゃダメだよ。可能な限りファストパスを取っておくのがベストだね。（静岡県／38歳／ぷちょ）

トゥモローランド／アドベンチャーランド／ウエスタンランド／クリッターカントリー／トゥーンタウン／ファンタジーランド／ワールドバザール

屋内アトラクション MAP㉔

スティッチ・エンカウンター

	DATA1
FP ファストパス	×
SR シングルライダー	×
身長制限	—
だっこOKか	○
平日待ち時間	約30分
休日待ち時間	約40〜60分

グループ まったり派

スティッチと"交信"?! ゲスト参加ありのシアター

攻略 スティッチと会話ができる?! シアター中央の最前列を狙え!

指名されたゲストはスティッチと会話ができちゃう! シアター中央の最前列が当たりやすいんだ。目立つようにファンキャップをかぶって、スティッチに選んでもらおう。(東京都／26歳／えんじぇる)

攻略 狙うは1番! 最初に指名されたゲストがショーの主役になれちゃう

開始直後に選ばれたゲストは、ショーの間中ず〜っとスティッチの標的に。たくさん話しかけてもらえるし、一緒にショーを見たゲストからも注目されちゃうよ。(石川県／33歳／まめまめ)

ココをCHECK!

1 待合室の壁画で
ライオンキングやアラジンの世界に登場したスティッチが見られるよ。

2 スティッチとの会話
時にはシニカル、時には大ぼけ? スティッチの高度なトークに注目。

3 出口直前の壁に…
スティッチと会話したゲストの写真が展示されるよ! 記念撮影しよう。

DATA2 ★形式／シアタータイプ ★定員／189名 ★所要時間／約12分 ★注意／特になし。大きな音が出るシーンがあるので、小さい子どもと一緒の場合には、気を付けて。

ディズニーランド

Q スティッチに話しかけられやすい場所はどこ？

まったり派

空いている日ならキッズシートを狙う！

モニターステーションの最前列はキッズシートと呼ばれる子どものための席。空いている日は大人が座れることもあるよ。スティッチと話せる確立がグンとUP！（佐賀県／41歳／スティッチファン）

Q いい席をゲットするにはどうすればいい？

グループ

待合室では、矢印が出ている画面の下で待つ！

CHECK / ココ開く

待合室の3つの画面のうち、右か左に注目！実は、矢印がある画面の下の扉から「スティッチモニターステーション」に入るのだ。いち早く入って、いい席をゲット！（長野県／30歳／わたあめ）

Q スティッチと楽しく会話をするには？

グループ

恥ずかしがらずに大きな声で！

敵から逃げるスティッチを救うのはゲストの声。大きな声で積極的に参加して！ゲストの声が集まらないとスティッチは前に進めないよ。積極的にゲームや歌も楽しんじゃおう。（富山県／31歳／みっきー）

スティッチグッズがたくさん詰まっているお店

SHOP トレジャーコメット MAP 12

スティッチ・エンカウンターのスペシャルグッズが買えるお店。かわいいスティッチがデザインされたお菓子や文房具、キーホルダーなどのお土産が大人気！（神奈川県／24歳／スティ子）

DATA スティッチとエンジェルのぬいぐるみ　など

ちょい足し情報 シアター内では足元もよく見て。フロアを照らすライトの中に隠れミッキーがいるよ！キャストさんの帽子にも注目。見つけられるかな？（千葉県／40歳／ぷちょ）

屋内アトラクション　MAP㉒

バズ・ライトイヤーの アストロブラスター

DATA1	
FP ファストパス	○
SR シングルライダー	×
身長制限	—
だっこOKか	○
平日 待ち時間	約60分
休日 待ち時間	約70〜130分

アクティブ派 グループ

光線銃を撃ちまくれ！ バズと宇宙の平和を守ろう

攻略　高得点ポイントを確実に把握しハイスコアを目指せ！

アストロブラスター（光線銃）は連射が可能。垂直に回転する歯車、光のトンネル、回転する動物たちはハイスコアが狙えるポイント。チームワークで高得点を狙え！
（栃木県／22歳／やまとなでしこ）

Q 効率的に高得点を取るにはどうすればいい？

アクティブ派　**左側に簡単な高得点ターゲット多し！**

ライドに座るときには、進行方向左側がオススメ。右側は的までの距離が遠く、障害物も多い。でも、左側には取りやすい高得点の的がたくさんあるんだよ。彼女にかっこいいところを見せるなら、断然左側！（宮城県／27歳／レンジャー）

ココをCHECK！

❶ ライド搭乗直前
右手の壁にターゲットの形と配点が記されている。乗る前にチェック！

❷ ライドの中で
ジョイスティックを倒すとライドが360度ぐるぐる回転。回しすぎ注意！

❸ クライマックス！
悪の帝王ザーグとのシューティングバトル。ザーグの後ろに1万点の的が。

054　DATA2　★形式／ライドタイプ　★定員／1台につき3名　★所要時間／約4分
★注意／乗車中の撮影不可。乗車時と降車時はムービングベルトなので足元に注意。

ディズニーランド
MAP㉑

屋内アトラクション

スペース・マウンテン

DATA1	
FP ファストパス	○
SR シングルライダー	×
身長制限	102cm以上OK
だっこOKか	×
平日待ち時間	約60分
休日待ち時間	約70～120分

 アクティブ派
 デート

宇宙空間を猛スピードで走り抜ける爽快感が最高

攻略 ハイスピードの急降下＆急旋回がスリリング

暗い中をどちらに進むかわからないスリルと、時速約50kmのスピードが楽しめるアトラクション。急カーブを曲がるときの重力もすごい。宇宙空間に広がる星空を楽しむ余裕はない?!（福岡県／33歳／石川）

Q スリルも宇宙も楽しむならどこに座る?

デート

恐さと雰囲気の両方が味わえる1番後ろが◎

いつも乗車時にはキャストに1番後ろの席をリクエストするよ。後ろの席はレールが見えにくく、どっちに進むか予測できないからスリルMAX。ガタガタとレールを上るときには惑星や星雲を眺めてみて。
（三重県／40歳／ヤッホー）

ココをCHECK！

① 宇宙空間への入口
真っ暗で全くレールが見えない。左右、降下、どこに進むのか予想不可能！

② 中盤の急旋回
最高時速は約50km。暗闇の中のハイスピードの急旋回はスリル満点！

③ 地球帰還直前
爆音とともにライドが急停止する瞬間、ふわふわと浮遊感を感じる！

DATA2　★形式／ライドタイプ　★定員／1ロケット12名　★所要時間／約3分　★注意／アトラクションの利用により悪化するおそれのある症状を持つ方、妊娠中・高齢の方は利用不可。乗車中の撮影不可。

トゥモローランド／アドベンチャーランド／ウエスタンランド／クリッターカントリー／トゥーンタウン／ファンタジーランド／ワールドバザール

屋内アトラクション　MAP㉓

スター・ツアーズ：
ザ・アドベンチャーズ・
コンティニュー

DATA1	
FP ファストパス	○
SR シングルライダー	×
身長制限	102cm以上OK
だっこOKか	×
平日待ち時間	約20分
休日待ち時間	約40〜90分

3D映像でよりリアルに！
スター・ウォーズの世界を満喫

攻略 何百通りもの バリエ豊富な ストーリー展開で 何度も楽しめる！

リニューアルされたスター・ツアーズに用意されたストーリーは一説には400通り以上もあるんだって！　内容はランダムに変わるから、乗るたびに新しい物語が楽しめるよ。（徳島県／34歳／ともみん）

攻略 ゲストが物語に？ いつの間にか 反乱軍のスパイに なっているかも！

宇宙船「スタースピーダー1000」の同乗者の中には、反乱軍のスパイがまぎれている設定。ゲストの中からスパイに選ばれた人の写真が映し出されるのでびっくり！「えっ、私なの？」ってことも。（兵庫県／42歳／R2D2）

ココをCHECK！

1 手荷物検査の映像
ロボットが撮ったスキャン映像にはミッキーやチップ＆デールの姿が。

2 銀河系ツアー中
リアルな3D映像と動くキャビンは本物の宇宙旅行のよう。臨場感抜群！

3 反乱軍との戦闘中
ダースベーダーもいる?!　ストーリーにより登場するキャラが変わる。

DATA2 ★形式／シアタータイプ　★定員／1キャビン40名　★所要時間／約4分30秒　★注意／アトラクションの利用により悪化するおそれのある症状を持つ方、妊娠中・高齢の方は利用不可。乗車中の撮影不可。

ディズニーランド

Q スタンバイ中のお楽しみポイントは？

グループ

ムービーや展示品のプレショーに工夫がたくさん

タラップまでは、映画ちなんだショートムービーが流れていたり、宇宙旅行に出る手荷物検査をしていたり。飽きない工夫がいっぱい！ 映画を観て予習しよう。（29歳／北海道／やっくん）

Q どうやったら反乱軍のスパイに選ばれる？

アクティブ派

キャビン搭乗後正面を向いて待つ！

スパイになるゲストが選ばれるのは、キャビンでの安全確認中。シートベルトを装着して3Dメガネをかけるまでの間に顔を撮影するので、正面を向いていると選ばれやすいとか。（静岡県／45歳／たま）

Q ファストパス発券所はどこ？

グループ

乗り場の側ではなくトゥモローランド・ホール

ファストパスの発券所に注意！ アトラクションの乗り場の横ではなく、トゥモローランド・ホールに発券所があるよ。乗り場からは少し離れたところにあるから、迷わないで！（大阪府／22歳／つくし）

自分だけのレザーカービングアイテムをゲット！

SHOP コズミック・エンカウンター MAP 10

スター・ウォーズのレザーグッズに好きな文字をカービング可能。なんと「オーラベッシュ」というスター・ウォーズで使われている銀河標準語もあり、ファンにはたまりません。（石川県／23歳／佐藤）

DATA レザーカービングキーチェーン　など

ちょい足し情報＋ コズミック・エンカウンターのオリジナルグッズはハロウィンやイースターなどのイベントごとに違うデザインのものが登場するよ！（山梨県／34歳／さおりんりん）

057

トゥモローランド／アドベンチャーランド／ウエスタンランド／クリッターカントリー／トゥーンタウン／ファンタジーランド／ワールドバザール

屋内・外ショー
MAP㊶

ワンマンズ・ドリームⅡ-ザ・マジック・リブズ・オン

DATA1	
FP ファストパス	×
SR シングルライダー	×
身長制限	―
だっこOKか	○
平日 待ち時間	座席指定券が必要な場合あり
休日 待ち時間	

女子会 グループ

ミッキー誕生からのディズニー名シーンを鑑賞

攻略 どうしても見たいなら公演1回目を狙う！先着順で入場可能

大人気のショーなので、日によって座席指定券が抽選になることも。絶対に見たいなら、公演1回目がオススメ。先着順で入場するため、早くから並べば必ず入れる。（大阪府／34歳／まりちゃん）

Q 座席鑑賞券の抽選はどこで行っているの？

女子会 **パーク内の抽選会場またはスマホで**

まずは公式サイトでインパする日に抽選の有無をチェック。インパしたら、トゥモローランド・ホールの抽選会場かスマホで抽選。1グループにつき1日1回しか抽選できないから、その日1番ついている人に運命を託そう！（鹿児島県／38歳／かずこ）

ココをCHECK！

① オープニング
ミッキーがミニーにキス！モノクロの世界がカラーになったらスタート。

② プリンセス大集合
ディズニー映画のプリンセスが大集合。華麗に踊る姿はため息もの。

③ フィナーレ
ディズニーキャラが勢ぞろい！ゴールドの衣装で踊る姿に大感動。

DATA2　★形式／ステージショー　★公演場所／ショーベース　★公演回数／1日4～5回　★所要時間／約30分　★注意／鑑賞には、抽選が必要（公演1回目を除く）。立ち見での鑑賞不可。

ディズニーランド

ショップ　MAP 11
映画『トイ・ストーリー』関連のグッズを買うならココ

プラネットM

バズやウッディなど『トイ・ストーリー』グッズが充実していて、ファンにはたまらない。リトルグリーンメンがぎっしり入ったクレーンゲームなども見所。（東京都／26歳／主婦）

便利グッズ	●傘　●レインポンチョ　●デジタルメディア　●携帯電話充電器　●電池　●切手　など

レストラン　MAP 14
もっちもちのカルツォーネが食べられるイタリア系宇宙人のピザの店

パン・ギャラクティック・ピザ・ポート

ここのピザやカルツォーネは、生地がもちもちでお腹にたまるよ。カルツォーネの生地をよく見てみて。なんと隠れミッキーがいるらしいよ！（福島県／20歳／カメハメハ）

メニュー例	●シーフードクリームのカルツォーネ…600円　●ソフトサラミソーセージのピザ…720円　●ダークサイドもち…360円

レストラン　MAP 12
店主は小柄な宇宙人!?自慢の品はライスボウル

プラズマ・レイズ・ダイナー

店内のポスターには隠れキャラクターが！

2017年3月オープンのNEWなお店なので早速リサーチ。レジ横にスーベニアメダルマシンを発見。しかも珍しくカウンター席も！テーブル席がメインですが、ソファ席やテラスもあるので重宝しそうです。（岩手県／30歳／KOU）

メニュー例	●ライスボウル　ハンバーグセット…1160円／単品780円　●ライスボウル　エビカツセット…1160円／単品780円　●ライスボウル　ベジタブルカレーセット…1160円／単品780円

ちょい足し情報＋　「パン・ギャラクティック・ピザ・ポート」には『スター・ウォーズ』のスーベニアケースも販売しているから映画ファンは要チェック！（山梨県／23歳／新婚さん）

| レストラン | MAP ⑮ |

座席数ナンバー1の
ハンバーガーショップ

約1470席　PS
カウンター　軽食

トゥモローランド・テラス

「シンデレラ城と橋が見える席を確保」

ランドの中で一番座席数が多いレストランなので、席をゲットしやすい！ しかもレストランの入口から見て、手前のほうのテラス席を確保すれば、パレードを見ながら食事を楽しめちゃうんですよ。(埼玉県／30歳／マチルダ)

| メニュー例 | ●ミッキーブレッドサンド(チーズ&ビーフパティサンド／チキン&ラタトゥイユサンド／エッグ&ビーフパティサンド)セット…各980円 単品…各600円
●カップサラダ…350円 |

| レストラン | MAP ⑯ |

宇宙モチーフの
バケットが人気の
ポップコーン店

ポッピングポッド

席数　PS　カウンター　スナック

映画『スター・ウォーズ』のキャラダースベイダーのバケットをゲット。発売開始直後は長蛇の列になったほどの人気ぶり。ファンにはたまりませんからね〜。(千葉県／32歳／あさみ)

| メニュー例 | ●ポップコーン、バケット付き…2300円
●ポップコーン、レギュラーボックス…310円(しょうゆバター味) |

| レストラン | MAP ⑬ |

2階にある穴場の
ソフトクリーム屋さん

ソフトランディング

席数　PS　カウンター　スイーツ

2階にあるのでうっかり見落としてしまいがちなお店！ 席がないので私たちはいつも隣のレストランに持って行き、ゆったりと座って食べてますよ。(群馬県／26歳／TDL通)

| メニュー例 | ●ソフトクリーム(ピーチ／ミルク／ミックス)…各310円
●ダークサイドもち…360円 |

ちょい足し情報＋　「トゥモローランド・テラス」はミッキーフェイスのキュートなハンバーガーがウリのショップ。彼女も「キャー！ かわいい!」と喜んでいましたよ。(鳥取県／29歳／朝ごはんはマフィン)

ディズニーランド
MAP㉗
屋内アトラクション
カリブの海賊

DATA1	
FP ファストパス	×
SR シングルライダー	×
身長制限	—
だっこOKか	×
平日 待ち時間	約15分
休日 待ち時間	約20〜40分

雰囲気重視 / にぎやか好き

世界観をじっくり堪能♪ 海賊たちの大暴れ劇を目撃!

攻略
週末でも20分程度 待ち時間が短い 狙い目の アトラクション

ランドの中でも代表的なアトラクションの1つだけど、実は意外と待たずに乗れるからおすすめなんだ。ボート1台20名と定員も比較的多いから回転が早いんだね。(石川県／42歳／丘サーファー)

Q ゲストを案内してくれるキャストは海賊をイメージしているの?

雰囲気重視

夏と冬でチェンジ 海賊コスチューム

カリブの海賊コスチュームは、16世紀〜17世紀初の海賊の手下をイメージしてデザインされたものなんだ! 夏は大きくとがった襟が特徴的な紫のストライプシャツ。冬は豪華なオレンジ色のジャケットに変わるよ!(長崎県／41歳／南蛮渡来)

ココをCHECK!

① 急流を下るシーン
急流を下ってタイムスリップ! ボートで進めば進むほど時間は過去へ。

② 船に刻まれた名前
船の前部脇に刻まれた文字に注意。何でも海賊たちの妻たちの名前だとか。

③ ラストに注目
最後にオウムと語るジャック・スパロウを発見。キャプテンは3回登場。

DATA2 ★形式／ライドタイプ ★定員／ボート1台20名 ★所要時間／約15分 ★注意／乗り物にひとりで座って安定した姿勢を保てない方は利用不可。フラッシュ撮影、液晶画面を使用しての撮影不可。

061

屋外アトラクション　MAP❷⓼

ジャングルクルーズ：
ワイルドライフ・
エクスペディション

DATA1	
FP ファストパス	×
SR シングルライダー	×
身長制限	—
だっこOKか	○
平日待ち時間	約25分
休日待ち時間	約35～70分

いざ冒険の旅へ
ジャングルをボートで探検！

攻略 建物の中を要チェック！待ち時間も見所たくさん

船に乗るために並ぶ建物の中もリニューアルしたのを知ってた？船長たちのオフィスや休憩所だから彼らの生活に関係する物が置いてあるよ。（沖縄県／34歳／スーパーモンキーズ）

攻略 雰囲気ガラリ!?ジャングルの旅は昼と夜の2度楽しめる

ジャングルクルーズは、昼と夜で雰囲気が変わるの。元気で明るい昼の印象が一転。夜は幻想的な世界に変身しちゃうよ！昼と夜の"2度"楽しめるってオトクよね♪（東京都／47歳／ひとみん）

ココをCHECK！

①乗り込むボート
ボートは18隻。1つ1つに所有者の特徴があるから見てみよう。

②ライドの船の中
船長からの指示で手を叩いたり、声をかけたり。一体感が楽しめる。

③伝説の神殿
プロジェクションマッピングを用いた神秘的な演出にびっくり。

062　DATA2　★形式／ライドタイプ　★定員／ボート1台32名　★所要時間／約10分
★注意／特に無し。暗闇を進む場所もあるのでこわがりさんは注意。

ディズニーランド

Q 夜は昼間とはどう違うの？具体的に教えて！

ナイトクルーズがムーディーな夜を演出！

たくさんのホタルが輝いていたり、ワニの目が光ったり、光の演出が多いのが特徴よ。とっても幻想的でムーディーだから、デートにピッタリだと思うわ。（京都府／48歳／大阪生まれの女）

Q クルーズ中にはどんな音楽が流れるの?!

各エリアに合ったさまざまな音楽♪

たとえばアフリカ草原ではライオンキングの「サークル・オブ・ライフ」が流れるんだ！ 思わず、「心配ないさ〜」なんて大声を出さないように気をつけて。（鹿児島県／49歳／南洲翁）

Q ジャングルクルーズはどこの川を探検しているの？

世界中の川を探検しているんだよ

ジャングルクルーズで巡るのは世界中の川。だから、最初に会うのはアフリカゾウだけど、最後の方の水飲み場にいるのはインドゾウなんだよ。耳の大きさに注目。（群馬県／35歳／プンママ）

テリヤキチキンレッグが食べれるのはここだけ

RESTAURANT　スキッパーズ・ギャレー　MAP㉟

ジャングルクルーズの元スキッパーが開いたお店。ジューシーなテリヤキチキンレッグが食べられるのはここだけ。ソースをこぼして服につけないように要注意。（栃木県／36歳／クギちゃん）

DATA テリヤキチキンレッグ…500円　など

ちょい足し情報＋　「ジャングルクルーズ」って昔は貿易会社の運営だったけど、今はジャングル・ナビゲーション・カンパニーっていうジャングルの探検会社に変わったんだって。（栃木県／16歳／もぐ）

トゥモローランド／アドベンチャーランド／ウエスタンランド／クリッターカントリー／トゥーンタウン／ファンタジーランド／ワールドバザール

063

屋内・外アトラクション　MAP㉙

ウエスタンリバー鉄道

DATA1	
FP ファストパス	×
SR シングルライダー	×
身長制限	―
だっこOKか	○
平日待ち時間	約10分
休日待ち時間	約15〜30分

まったり派　子連れ

白い煙は本物の証！蒸気機関車で冒険ツアー♪

攻略　どの席に座る?!　恐竜好きは右側席　迫力重視は前方席を狙え！

座る場所によって景色や迫力が違うよ。どの席からも景色は見えるけどクライマックスの恐竜シーンは右側で展開。前方の席は蒸気の上がる様子を間近で体感できるんだ！（千葉県／36歳／電車男）

Q 蒸気機関車はどのくらいの距離を走るの？

まったり派　**3つのテーマランド 1.61kmを巡る**

ウエスタンリバー鉄道の路線距離は1.61km。最高速度は約12kmなんだ。ゆっくり自転車をこぐくらいの早さっていえばわかってもらえるかな？ ウエスタンリバー鉄道の蒸気機関車たちは意外にのんびり屋さんなんだよ。（大阪府／54歳／鉄ちゃん）

ココをCHECK！

1 春秋の明るい時間に
夏は暑いし、冬は寒い。暗くなると遠くの景色が見えづらいから要注意。

2 4台の蒸気機関車
色も形も異なる機関車は全部で4台。アメリカの川の名前がついている。

3 インディアンの村
インディアンたちの服装に注目。季節で衣替えし、冬は毛皮のことも。

DATA2　★形式／ライドタイプ　★定員／1編成140名　★所要時間／約15分
★注意／トンネル内でのフラッシュ撮影不可。

ディズニーランド
スイスファミリー・ツリーハウス

屋外アトラクション　MAP30

DATA1	
FP ファストパス	×
SR シングルライダー	×
身長制限	—
だっこOKか	○
平日待ち時間	約0分
休日待ち時間	約0分

 デート　 まったり派

入場制限もへっちゃら！地上19mからパークを一望

攻略
アトラクションとアトラクションのちょっとした空き時間を活用

次のファストパス利用まで少し時間が空いちゃった！ そんな時は、スイスファミリー・ツリーハウス。待機時間ほぼゼロなので気軽に楽しめるのが魅力♪（北海道／29歳／マイマイ）

Q ツリーハウスからはどんな景色を見ることができるの？

 シンデレラ城を眺めてプリンセス気分♪

高さ19mのツリーハウスから眺めるシンデレラ城はとても素敵。お城を眺める自分は、まるで夢見るプリンセスのよう。夕方パークに明かりがつき始めると、さらにロマンティックな雰囲気に！ デートにオススメ！（茨城県／24歳／姫ちゃん）

ココをCHECK！

1 サバイバルを体験
映画に登場する大きな木の家を再現！船の廃材で作った家具は必見。

2 入ってすぐ左に注目
入ってすぐ左の茂みに穴と爪の跡が…。耳を澄ますとトラの鳴き声が！

3 リビングルーム
オルガンから普段はポルカ、12月頃にはクリスマスソングが流れる。

DATA2　★形式／ウォークスルータイプ　★定員／なし　★所要時間／約8分30秒
★注意／特になし。階段があるので足元に注意して進もう。

065

屋内ショー　MAP㊷

リロのルアウ&ファン

FP ファストパス	✕
SR シングルライダー	✕
身長制限	—
だっこOKか	○
平日待ち時間	要事前予約
休日待ち時間	要事前予約

雰囲気重視　子連れ

パークが一気に別世界！南国ムードを満喫♪

攻略　完全予約制だから計画はしっかり！大人気のダイニングショー

リロのルアウ&ファンのS席は、土日や連休だとすぐに売り切れてしまう人気の席。どの時間帯にどの席を押さえたいのか事前にしっかりと計画しておいたほうが◎。(岡山県／47歳／マンゴー好き)

Q がっかり…。予約を取れなかった。諦めるしかないの？

雰囲気重視　**予約のアキはHPを毎日チェック**

諦めずに公式HPの予約ページをチェックしていると、たまにキャンセル拾いができるときがあるよ！ 直前にキャンセルが出ることも多いので、1週間前からは毎日チェックするといいよ！(神奈川県／42歳／九十九里)

ココをCHECK！

① キャラの衣装
店内はハワイアンな雰囲気♪ アロハやムームーを着たキャラが登場。

② テーブルにご挨拶
キャラクターたちが各テーブルに挨拶に！ カメラの準備をお忘れなく。

③ 最後はフラレッスン
子どもたちはステージにあがって、キャラクターたちとフラダンス！

DATA2　★形式／ステージショー　★公演場所／ポリネシアンテラス・レストラン　★公演回数／1日3回程度　★所要時間／約75分(上演時間:約60分)　★注意／公式HPにて予約が必要。ショーは都合により変更になる場合あり。

ディズニーランド
MAP ㊸

屋内ショー

ミッキーの
レインボー・ルアウ

DATA1	
FP ファストパス	×
SR シングルライダー	×
身長制限	—
だっこOKか	○
平日待ち時間	要事前予約
休日待ち時間	要事前予約

 子連れ にぎやか好き

なんでもお祝いする
トロピカルディナーショー

攻略
ステージに近い
S席を狙おう!
利用日1カ月前
9時から予約受付

S席、A席、B席がありますが、S席がステージとの距離が近く見応えあり。大人気なので予約開始日開始時間にパソコンの前でスタンバイしてゲットしてね。(秋田県／29歳／趣味はパズル)

Q キャラクターは席まで来てくれるの?

 子連れ
各テーブルに挨拶しにくる!

ショーが始まってすぐキャラがゲストが座っているところまで来ます。写真を撮ったりする時間は残念ながらないけど、キャラを間近で見れるチャンスだよ。子ども通路側に座らせておいてあげよう。
(佐賀県／36歳／クイズ王)

ココをCHECK!

1 衣装もチェック
ミッキー、ミニー、チップ&デール、クラリスがアロハな衣装で登場。

2 記念日をお祝い
ゲストそれぞれのお祝いごとをキャラたちが祝福してくれる。

3 最後はダンスに参加
ミッキーがスラップダンスをレクチャー。ゲストも立って一緒にダンス!

DATA2 ★形式／ステージショー ★公演場所／ポリネシアンテラス・レストラン ★公演回数／1日4回程度 ★所要時間／約65分(上演時間:約50分) ★注意／公式HPにて予約が必要。ショーは都合により変更になる場合あり。

067

屋内アトラクション　MAP 31

魅惑のチキルーム：スティッチ・プレゼンツ "アロハ・エ・コモ・マイ！"

ハワイの鳥とスティッチの大合唱が聞けるステージ

DATA1

身長制限	だっこOKか	待ち時間
—	○	約5〜15分

グループ

急いで一番前の席をゲットしてしまいがちですが、おすすめは真ん中より後ろの席。舞台を囲むように円形に椅子が配されているので、実は後ろの方が全体を見やすい！（秋田県／29歳／鳥）

DATA2
★形式／シアタータイプ
★定員／318名
★所要時間／約10分　★注意／フラッシュ撮影、液晶画面を使用しての撮影不可。

ショップ　MAP 33

ゲームに挑戦して特製グッズをゲット

ジャングルカーニバル

   1ゲーム500円

「ボール転がしゲーム」と「丸太投げゲーム」の2種のゲームがありました。僕は後者にチャレンジしてみました。見事にチップのぬいぐるみをゲットしました。レバーを力いっぱい引き、勢いよく丸太を飛ばすのがコツ。（千葉県／24歳／リピーター）

ショップ　MAP 28

「カリブの海賊」直結！男子好みの海賊グッズが充実

ゴールデンガリオン

  身に着ける アパレル

ディズニーっぽいグッズに興味がない人はぜひのぞいて。ドクロモチーフのアクセサリーや帽子、宝の地図や剣…いかついグッズが揃っているんです。（岡山県／26歳／炭酸生活）

便利グッズ	●傘 ●レインポンチョ ●切手 ●かいろ　など

ショップ　MAP 31

オリジナルフレグランスが大人気のかわいい香水屋

ラ・プティート・パフュームリー

こぢんまりした店内には、香水、石鹸、バスソルト…。どれもかわいいデザインで目移りしちゃう。一番人気は「オリジナル・フレグランス」。好きな瓶と好きな香りをカスタマイズして自分だけのフレグランスを作れるんです。いい記念品になりました。（奈良県／34歳／バレリーナ）

ちょい足し情報　「ジャングルカーニバル」は失敗しても記念のピンバッジがもらえるから安心して。『ジャングル・ブック』の主人公モーグリかクマのバルーのものが珍しくてイチオシ。（千葉県／34歳／りんご）

ディズニーランド

レストラン MAP㉕
クレオール風料理を楽しめる アトラクション一体型レストラン

ブルーバイユー・レストラン

キャストに頼んで水辺の席をゲット！

TDL内で唯一アトラクションとレストランが一体になってるお店。おすすめは入り江沿いの水辺の席。「カリブの海賊」も見えてロマンチックな雰囲気を存分に味わえる。水辺は2名席だからカップル向けかも！（千葉県／32歳／ダイ）

メニュー例	●ブルーバイユーコース（前菜、アントレ、パン、デザート、ドリンク）…4500円 ●スペシャルティドリンク…600円 ●お子様セット…1790円

レストラン MAP㉖
食事系とデザート系 ダブルで楽しめる クレープ屋

カフェ・オーリンズ

専用のクレープメーカーで焼き上げるクレープはどれも本格派。しょっぱい系と甘い系のどちらも揃うのがウリ。屋内席は少ないので争奪戦の可能性大！（栃木県／29歳／マカロニ）

メニュー例	●ストロベリークレープ…430円 ●バナナチョコレートクレープ…430円 ●チキンサラダクレープ…490円

レストラン MAP㉜
ランド内で 本格派ラーメンを 食せる唯一のレストラン

チャイナボイジャー

人気は「海老入り白湯麺」。あっさり味のスープにプリプリの海老がたまらない。半分食べたら別売のトッピング「白髪ネギ」を混ぜて食べるのが通！（群馬県／24歳／パリス）

メニュー例	●ブラックペッパーポーク麺（とんこつ醤油）…1180円 ●担担麺（辛味噌）…1010円 ●海老入り白湯麺（塩）…1010円

ちょい足し情報 ➕ 「ブルーバイユー・レストラン」は蛍の光や照明がとっても素敵。コオロギや蛙の鳴き声もさりげなく聞こえてきて、なんだか癒されるお店です。（山梨県／21歳／リカコ）

屋内キャラクターグリーティング　MAP ㊲

ウッドチャック・グリーティングトレイル

	DATA1
FP ファストパス	×
SR シングルライダー	×
身長制限	—
だっこOKか	○
平日待ち時間	約40分
休日待ち時間	約45〜60分

 女子会　 まったり派

ボーイスカウト姿のドナルドとデイジーに必ず会える

攻略 ドナルドにする？デイジーにする？迷ったらデイジーを選択！

どちらかというと人気があるのはドナルド。時間を有効に使いたいならデイジーを選ぶのが賢い。ボーイスカウト姿のデイジーに会えるのはココだけだしね。(岐阜県／25歳／森のくま)

攻略 待ち時間、冬はとにかく寒い！防寒対策万全で出動すべし

待機列がアメリカ河に沿って続いており、さらに山にも挟まれいるので、風が強く気温が低く、寒く感じます。冬はあったかインナーにモコモコブーツの完全防備でGO！(沖縄県／39歳／夏子)

ココをCHECK！

❶ 入口を通り過ぎる
キャンプ・ウッドチャックエリアの地図の木に注目。隠れミッキーが!?

❷ ドナルドの列に進むと…
ロープの結び方ガイドあり。結び方の1つにミッキー型が混じっている！

❸ キャラとご対面！
写真はもちろん、サイン帳とペンを持参すればサインを書いてもらえる。

DATA2 　★定員／なし　★所要時間／フリー　★注意／一緒に体験する人全員揃って並ぶ。手持ちのカメラでの撮影は、1グループにつき1枚のみ。パーク運営状況により、実施時間が予告なく変更または中止になる場合あり。

ディズニーランド

Q プロにキャラとの記念写真を撮ってもらえる?

（女子会）

常時プロカメラマンがスタンバイ!

カメラマンがしっかり貴重な瞬間を捉えてくれますよ。写真の当日受取はパーク閉園の約30分前に撮影が終わっていないとNG。「フォトキーカード」を忘れずもらおう。(石川県／40歳／リロ)

Q キャラの誕生日に待ち時間が長くなるって本当?

（まったり派）

お祝いをするファンたちで賑わい、大混雑!

ドナルドの誕生日は6月9日、デイジーの誕生日は1月9日。どちらもファンが朝イチからお祝いをしにドッと押しかけてくる。待ち時間250分になったこともあるとか!(大分県／27歳／温泉サイダー)

Q 混雑が緩和するのはどの時間帯?

（子連れ）

パレード中やクローズ前が狙い目

特に混雑するのが午前中と夕方。ショーの最中か営業時間終了間際がいいけど、早めに受付を終了してしまうこともあるので注意して。また花火の時間は規制されるので避けて。(奈良県／32歳／hanako)

お食事系ワッフルサンドが自慢

RESTAURANT キャンプ・ウッドチャック・キッチン MAP 40

キャンプ・ウッドチャック内にあるレストラン。実は2階席が混雑度がかなり低く穴場なんです。中でもアメリカ河を望む開放感溢れるテラス席が狙い目です。(広島県／23歳／カープッコ)

DATA ワッフルサンド フライドチキン、メイプルソース付きセット…1080円

ちょい足し情報 キャンプ・ウッドチャック・キッチンの2階テラス席からはビーバーブラザーズのカヌー探検の漕ぐ様子も見える。休憩がてらお茶を飲みながら、手を振ってみて!(埼玉県／25歳／みみ)

屋内・外アトラクション　MAP㉟

ビッグサンダー・マウンテン

	DATA1
FP ファストパス	○
SR シングルライダー	×
身長制限	102cm以上OK
だっこOKか	×
平日待ち時間	約70分
休日待ち時間	約80〜150分

スリル満点! 岩山の目の前を鉱山列車が大暴走する

アクティブ派／デート

攻略 大人気アトラクションは先手必勝 インパと同時にライドを目指そう

日によるけど、朝イチは混み具合が比較的緩やか。パレードのルートに近いから、パレード後は混みます。絶対乗りたいなら早めスタンバイかファストパスGETを。(東京都／35歳／のんちゃん)

攻略 スタンバイなら夜昼とは違った雰囲気も楽しめるライドもおすすめ

コースターの行き先が見えにくい夜の乗車もスリル満点で、昼とはまた違って◎。左右に振られる感じが夜だとさらに恐くて、毎回ストレス発散も兼ねて叫んでます。(岩手県／46歳／もっちゃんパパ)

ココをCHECK！

1 序盤の幻想的な鍾乳洞と泉
暗い坑道を進むと鍾乳洞と泉がキラキラ。幻想的な光を放っている。

2 乗車中全身で感じるスリル
汽笛の音や列車の振動、風を感じるスピードなどの効果が迫力満点。

3 ライド後半の急降下！
恐竜の骨の間をビューンと猛スピードで落ちる瞬間がたまらない！

DATA2 ★形式／ライドタイプ　★定員／1台30名　★所要時間／約4分　★注意／アトラクションの利用により悪化するおそれのある症状を持つ方、妊娠中・高齢の方は利用不可。乗車中の撮影不可。

ディズニーランド

Q どの位置の席に乗車するのがスリルを味わえる?

アクティブ派

右側の後ろの方の席がおすすめ

左方向に曲がる回数が多いので、右側に乗車する方が遠心力がかかってスリリングな気がする。線路も見えにくいのでどちらに行くのかわからないのも◎（兵庫県／20歳／なっちゃん）

Q 乗車するのにおすすめの時間帯は?

デート

花火の時間を狙って夜のパレード以降が◎

パレードから花火の時間が狙い目

スタンバイなら夜のパレード以降のライドがベスト。タイミングよく花火の時間に乗れると、ダイナミックな花火の景色と迫力が楽しめて最高のライドになると思います。（埼玉県／29歳／スティッチ好き）

Q 動物が隠れていると聞いたのですが?

アクティブ派

岩山に4種の動物が隠れている!

列車に乗りながらなのでかなり難しいかもしれませんが、岩山にコウモリ、オポッサム、ビッグホーンシップ、コヨーテが隠れていますよ。何匹見つけられるか数えてみて!（東京都／42歳／ゆう）

アメリカ西部劇風にパシャリ☆

SHOP　ウエスタンランド写真館　MAP 39

西部劇の主人公になったような写真を撮ってもらえます。普段あまり着る機会のない衣装なので、記念撮影すれば良い思い出になること必至ですよ。（沖縄県／32歳／かすみん）

DATA 料金は写る人数・写真サイズ、選んだ背景によって異なる

ちょい足し情報＋　入口にある大きなスチームトラクターは、名前の通り蒸気が動力となり動くトラクター。すごいのは昔本当に使われていて、今は世界に数台しかないものだそう。

屋外アトラクション　MAP㉞

蒸気船 マークトウェイン号

DATA1	
FP ファストパス	×
SR シングルライダー	×
身長制限	—
だっこOKか	○
平日待ち時間	約10分
休日待ち時間	約10〜20分

まったり派　デート

「水上の宮殿」と呼ばれるクラシカルな船でクルーズ

攻略 ゆったりと巡る豪華客船での船旅 出航に合わせれば待ち時間いらず

475名も乗れる大型客船は西部開拓時代の外輪船がモデル。出港にタイミングを合わせれば待ち時間なしで、優雅な船旅気分を楽しめます。遊び疲れたときの休憩場所にもおすすめ。(山口県／49歳／糸まき)

Q 彼と2人で乗るなら何時頃に乗るのが一番楽しめますか？

デート　**夕暮れ時の乗船がロマンチック**

おすすめはやっぱり夕方〜夜ですね。夕暮れはレトロな雰囲気があって日本じゃないみたい。夜は船自体がライトアップされ、音楽も昼とは違ったムーディな曲に。豪華客船に乗ったプチセレブ気分が味わえます。(静岡県／25歳／ポテサラ)

ココをCHECK！

① 船のデッキ
景色がいいのは3階。1階船首には椅子があり、シニアや子連れにも◎。

② 船からの眺め
開拓時代のアメリカ河の風景が続く。燃える小屋には隠れミッキーが。

③ 船内にも注目
外に目がいきがちだが、楽団の機材や蒸気機関など船内も凝っている。

DATA2 ★形式／ライドタイプ　★定員／475名　★所要時間／約12分
★注意／特になし。乗船中の移動は足元に気をつけよう。運営時間は開園1時間後から。

ディズニーランド
MAP 36

屋外アトラクション

トムソーヤ島いかだ

DATA1	
FP ファストパス	×
SR シングルライダー	×
身長制限	—
だっこOKか	○
平日待ち時間	約5分
休日待ち時間	約5〜15分

いざ冒険の島へ出発！
いかだでアメリカ河を渡る

攻略
ドキワクの冒険！いかだに乗って目指すは河に浮くトムソーヤ島

小説『トム・ソーヤの冒険』を元に作られた島。いかだに乗って河を渡り、島内を自由に散策。つり橋やキャッスルロックなどドキドキ・ワクワクの冒険ができます。(北海道／38歳／きりん)

Q 島の散策にあるとよいものは？

乗り場で島の地図をゲットしよう

いかだの乗り場で、まずはどんな島なのか、何があるのか見るために地図をもらおう。もらい忘れても島の船着場にもあるからご安心を。冒険気分が満喫できますよ！(和歌山県／20歳／カルボナーラ)

ココをCHECK！

① 河からの景色
いかだに乗っている時間は短いよ。マークトウェイン号やカヌーも通過。

② 揺れるたる橋
歩くとふわふわ揺れて、今までにない面白さ。転ばないように注意。

③ 葉っぱもミッキー
本物の木の葉っぱに隠れミッキーが！訪れるたびに場所が変わる。

DATA2　★形式／ライドタイプ　★定員／1隻55名　★所要時間／約1分30秒〜3分
★注意／運営時間は開園1時間後から日没まで（季節によって異なる）

075

屋内アトラクション　MAP㉝

カントリーベア・シアター

DATA1	
FP ファストパス	×
SR シングルライダー	×
身長制限	―
だっこOKか	○
平日待ち時間	約10分
休日待ち時間	約10〜20分

ユーモラスなクマたちの歌と演奏、トークのショー

攻略 歌って踊るクマたちの演奏会 季節に合わせてショーは3種類

18頭の「カントリー・ベア」たちは、楽器や歌だけでなく、トークも上手。夏は「バケーション・ジャンボリー」、クリスマス時期は「ジングルベル・ジャンボリー」になります。
（長崎県／17歳／カステラ）

Q 歌や演奏以外にも楽しみ方はある？

 クマ同士の面白い掛け合いも！

ブルーグラスやマウンテンソングなどの曲の演奏が中心。個性豊かなクマたちがコントのような掛け合いも披露してくれます。それぞれキャラがたっているので、知れば知るほど愛着が湧きます。（神奈川県／22歳／みなと）

ココをCHECK！

1 クマさんのキャラ
せっかちだったり、色っぽかったり、いろいろな性格のクマが登場。

2 しかけ時計は…？
ホールには鳩時計ならぬ「クマ時計」が。15分おきにクマが鐘を叩く。

3 シアター右の3頭に注目
カントリーベア・バンドの大ファン、メルビン、バフ、マックスがいる。

DATA2　★形式／シアタータイプ　★定員／306名　★所要時間／約15〜17分※季節ごとのショーにより異なる　★注意／フラッシュ撮影、液晶画面を使用しての撮影不可。季節に合わせて3種類のショーあり。

ディズニーランド

MAP 32

屋内アトラクション

ウエスタンランド・シューティングギャラリー

DATA1	
FP ファストパス	×
SR シングルライダー	×
身長制限	―
だっこOKか	○
平日待ち時間	約10分
休日待ち時間	約10～30分

アクティブ派 / グループ

アメリカ西部開拓時代にトリップしてシューティング

攻略　ライフルを手に10発ショット 運が良ければゴールドGET！

「ラッキー」的に当たればドナルドのゴールド保安官バッジがもらえるよ。10発全て命中させたらシルバー。ラッキーに当てて、かつ、10発命中させなければゴールドがもらえるらしい。(三重県／42歳／ミラ)

Q 射撃が苦手なのだけれど楽しめる要素はあるの？

アクティブ派

かわいいスコアカードがもらえて満足度UP

的に当たらなくても、射撃の成績に応じてグーフィーからのメッセージ入りスコアカードがもらえます。小さな子はもちろん、ご年配の方でも楽しめると思いますよ。(大阪府／28歳／ガンマンが憧れ)

ココをCHECK！

① FP発券時に
FPを発券時に、まれに出るサプライズチケットで無料になる場合が！

② 的に当たると…？
的は全部で62個。鳥が鳴いたり、スロットが回ったり楽しいしかけが！

③ 「ラッキー」の的
毎日、時間によっても変わるので、前の人の様子をチェックしよう。

DATA2　★形式／ウォークスルータイプ　★定員／なし　★所要時間／フリー
★注意／1回10発200円が必要(パスポート代とは別料金)

077

屋内ショー　MAP㊺

ホースシュー・ラウンドアップ

FP ファストパス	×
SR シングルライダー	×
身長制限	—
だっこOKか	○
平日待ち時間	要事前予約
休日待ち時間	要事前予約

人気レストランでウッディたちと楽しいランチタイム

攻略 ランチタイムの予約は必須！早いほど希望の席を確保できる

「予約は前日までに」と聞いていましたが、インパの1か月前に予約しました！ そしたら最前列の真ん中で超いい席に。ウッディやジェシーたちと一緒に過ごせて幸せでした。(茨城県／18歳／ぐんぐん)

Q なるべくステージの近くで見たいけど席は選べるの？

予約時に席のランクの選択は可

席のランクは予約時に選べるよ。ランクで価格が違うけど、料理は同じ。予約はインパの1か月前がベストだけど、直前に空きが出ることもあるそう。あきらめずにまめに確認してみて。(滋賀県／45歳／トーテムポール)

ココをCHECK！

① キャラと触れ合い…？
グリーティングはないけれど、キャラが席近くに来る可能性あり。

② 西部式の料理
西部開拓時代の雰囲気が楽しめる、お肉がメインのメニューに舌鼓。

③ バンダナをゲット
各テーブルには特製バンダナが置いてある。お持ち帰りを忘れずに。

DATA2 ★形式／ステージショー　★公演場所／ザ・ダイヤモンドホースシュー　★公演回数／1日2〜3回程度　★所要時間／約60分(上演時間：約45分)　★注意／公式HPにて予約が必要。ショーは都合により変更になる場合あり。

ディズニーランド
MAP ㊻

DATA1	
FP ファストパス	×
SR シングルライダー	×
身長制限	―
だっこOKか	○
平日待ち時間	要事前予約
休日待ち時間	要事前予約

屋内ショー

ザ・ダイヤモンド ホースシュー・プレゼンツ "ミッキー&カンパニー"

ミッキー&ミニーのショーをディナーとともに堪能!

攻略 予約は1か月前からインターネットで!席は目的に合わせて使い分けると◎

撮影目的やショーを間近で観るならS席、キャラと触れ合いたいならA席、のんびり観るならB席。私のおすすめは前の人がいない2階のB席。各席の様子は公式HPにも載ってるよ。(千葉県/41歳/とも)

Q キャラとは交流できるの?

ミッキーとミニーが客席をまわってくれる

スルーフットスーの経営する、西部開拓時代の食事とショーが楽しめる店。シェフになったドナルドが私たちの料理をつくってくれ、ミッキーやミニーが至近距離まで来てくれるよ。一緒に写真は撮れないのが残念。(鹿児島県/18歳/まいん)

ココをCHECK!

1 演奏&タップ
ミッキーの楽器演奏、ミニーのタップダンスも華麗で見逃せない。

2 後半でキャラが…
キャラたちがテーブル近くやさらに2階にまで来る。写真のチャンス!

3 料理にもミッキー
人参がミッキー型だったり、ケーキにもミッキーの手がついていたりする。

DATA2 ★形式/ステージショー ★公演場所/ザ・ダイヤモンドホースシュー ★公演回数/1日3回程度 ★所要時間/約80分(上演時間:約60分) ★注意/公式HPにて予約が必要。ショーは都合により変更になる場合あり。

079

屋外ショー　MAP 47

スーパードゥーパー・ジャンピンタイム
※2018年7月8日に終了

福笑いや人形劇etc…子どもが喜ぶ愉快なショー

DATA1

身長制限	だっこOKか	待ち時間
—	○	約30〜60分

子連れ

入園後にすぐ並び始めて初回公演を狙うのが◎。待ち時間が短く済むことも多いよ。子どもはステージ前のキッズエリアを、大人は数少ないイス席を確保できる可能性大。（東京都／29歳／ママ）

DATA2 ★形式／ステージショー　★公演場所／プラザパビリオン・バンドスタンド　★公演回数／1日3回程度　★上演時間／約30分　★注意／ショー鑑賞を希望の場合、全員そろって会場へ。定員に達した場合、案内終了。

ショップ　MAP 40

ウエスタン&こひつじのダニーグッズが並ぶお店

トレーディングポスト

絶対要チェックなのが「こひつじのダニー」グッズ！ 2014年に登場したディズニーランドにしかないキャラなんだけど、なんとも愛らしい！（石川県／26歳／栗の子）

便利グッズ	●傘　●レインポンチョ ●デジタルメディア ●携帯電話充電器　●電池 ●切手　など

レストラン　MAP 36

テラス席の広さはパーク1 定番洋食レストラン

プラザパビリオン・レストラン

約400席 / PS / バフェテリア / 食事

天気のよい日のランチに最高！ できれば西側のテラス席を確保すべし。少し見づらいけど、パレードを鑑賞しながらごはんを食べられます。（岩手県／18歳／桃組一番）

メニュー例	●ハンバーグ、デミグラスソース…1130円 ●海老フライ…1130円 ●チキンのグリル…1130円 ●シェフサラダ…520円

レストラン　MAP 39

座席が多く回転が早い！ 家庭的なカレー屋さん

ハングリーベア・レストラン

約710席 / PS / カウンター / 食事

お腹が空いてるときはココにキマリ！ 店内が広く、わりとすぐに席を確保可能。さらに食べ盛りにうれしいのがプラス150円で大盛りにできるところだ。（青森県／16歳／自転車通学）

メニュー例	●ハングリーベア・カレー（ハンバーグ、チキン、ローストベジタブル）…1280円 ●ポークカツカレー…980円 ●ローストベジタブルカレー…860円

ちょい足し情報 「トレーディングポスト」の前にいるかわいいこひつじのダニーちゃん。ココで記念撮影するのもおすすめ。ダニーちゃんの横に立ってハイチーズ！（東京都／29歳／会社員）

ディズニーランド

屋外アトラクション　MAP 39
ビーバーブラザーズのカヌー探検
カヌーを漕いで自然溢れるアメリカ河をぐるり一周

DATA1

身長制限	だっこOKか	待ち時間
座った状態で足の届くこと	×	約15〜45分

アクティブ派

17時ぐらいに行くと運営が終わってしまっていた。日没までしかやっていないので早目にスタンバイすべし。思ったよりも体力を使うので体力も残しておいて。（大阪府／26歳／モス）

DATA2 ★形式／ライドタイプ　★定員／1隻16名　★所要時間／約10分　★注意／7才未満の子どもはライフジャケットを着用。運営時間は開園1時間後から日没まで（季節によって異なる）。乗船中の撮影不可。

ショップ　MAP 43
クリッターがモチーフの洞窟内にある小さな店
フート&ハラー・ハイドアウト

店内のあちこちのクリッターの家がデザインされていて見つけるのがおもしろいんだ。実はクリッターたち専用の小さなキャッシャーなんかもあるんですよ。（山梨県／24歳／ドラ子）

便利グッズ	●傘　●レインポンチョ　●携帯電話充電器　●電池　●ポケットティッシュ　など

レストラン　MAP 43
穴蔵風の店内が居心地のよい洋食の定食屋さん
グランマ・サラのキッチン

約530席　PS　カウンター　食事

ココの「クリッターカントリーケーキ」は知る人ぞ知る人気焼き菓子。ホロホロのパウンドケーキにピーカンナッツとチョコチップが贅沢にインして美味。（広島県／35歳／真理）

メニュー例	●オムライスの蟹クリームコロッケ添え…1090円　●チキンドリア…990円　●クリッターカントリーケーキ…520円

レストラン　MAP 44
袋小路にある穴場軽食店!サクッと食せる軽食&スイーツ
ラケッティのラクーンサルーン

席数　PS　カウンター　軽食

奥まった場所にあるため混雑度がかなり低い店です。あまり並ばず小腹を満たしたい人に最適。席はないけど、お店の前の広場にベンチがあるので確保すべし。（福岡県／30歳／杏）

メニュー例	●トルティーヤ・チーズドッグ…390円　●トルティーヤ・ドッグ…330円　●ミッキーチュロス(ストロベリー)…310円

ちょい足し情報 わたしの心のベスト1スイーツを発表。「ラケッティのラクーンサルーン」の『クリッターサンデー』です!　添えられたチュロスにソフトクリームをつけて頂きます。（群馬県／24歳／主婦）

081

屋内・外アトラクション　MAP㊳

スプラッシュ・マウンテン

DATA1	
FP ファストパス	○
SR シングルライダー	○
身長制限	90cm以上OK
だっこOKか	×
平日待ち時間	約70分
休日待ち時間	約90〜170分

丸太ボートで沼地を探検 山場は最速約62kmの急降下！

攻略 絶対乗りたいならFPはマスト インパしてすぐ発券に行くのが◎

奥の方なので開園直後のFPの減りは若干穏やかだけど、終了は三大マウンテンで一番早い。インパしたら速攻でゲットを！ スタンバイで待ち時間が100分以下ってほとんどないし。(岡山県／23歳／なみ)

攻略 スタンバイならシングルライダーを上手に利用して効率的に時間短縮

子どもが2人とも小さい間は「シングルライダー」でパパママ一人ずつ乗車。上の子が大きくなったら「アトラクション交代利用」で、片方が下の子と待つ間もう片方が上の子と乗るべし。(山形県／33歳／KA)

① のどかなスタート
映画『南部の唄』がモチーフ。沼地ののどかな風景を楽しんで。

② 滝壺への落下
16m下の滝壺に一気に急降下！ 落ちる瞬間が撮影ポイントなので意識を。

③ ダイブの後は…
小動物たちが歌う「ZIP-A-DEE-DOO-DAH」とかわいいダンスに癒される。

082　**DATA2** ★形式／ライドタイプ　★定員／1台8名　★所要時間／約10分　★注意／アトラクションの利用により悪化するおそれのある症状を持つ方、妊娠中・高齢の方は利用不可。体格などにより拘束装置が下がらない方は利用不可。乗船中の撮影不可。

ディズニーランド

Q 写真撮影のときに、いい顔で写りたい！コツはありますか？

にぎやか好き

向かって右前方の黒い穴に「いい顔」

カメラは落下後5〜7m下の右側の黒い穴にあるらしい。怖くて下向きになりがちだけど、勇気をもって笑顔で右を向いてみて。一番大きく写るペズポジは最前列右。(愛知県／18歳／まなみ)

Q 滝つぼに落ちるときどのくらい濡れますか？

アクティブ派

冬は濡れなかったけど夏は少し濡れる気が

水しぶきの量が調整できるようになっているらしく、夏はビショビショになったけど冬はあまり濡れなかった。一番前でもかがめば濡れにくいかな。念のためタオルの持参を。(滋賀県／50歳／胡椒)

Q 撮影された写真って買えるの？

にぎやか好き

オリジナル台紙と一緒に購入できる！

普段はモニターで見て笑ったり、撮影したりするだけだったけど、卒業記念でみんなで乗ったときは購入しました。台紙がすっごくかわいくて、いい記念になるよ！(東京都／19歳／ローズマリー)

「フォトキーカード」は必ずもらって

SHOP スプラッシュダウン・フォト MAP 44

ライド中に撮影された写真は、ここで「フォトキーカード」をもらっておけば、自宅でオンラインで買えます。買うかどうか迷ったり、急いでいたりする時に便利ですよ。(埼玉県／38歳／MIE)

DATA アトラクション体験中の写真(台紙付き)…1300円〜

ちょい足し情報＋ 6人グループなどで1枚の写真に写りたい場合、キャストにお願いすると1台占有させてくれることもあるらしい。あくまで特別措置で必ずとはいえないけどね。(栃木県／34歳／餃子王)

屋内キャラクターグリーティング　MAP ⑭

ミッキーの家と ミート・ミッキー

	DATA1
FP ファストパス	×
SR シングルライダー	×
身長制限	—
だっこOKか	○
平日 待ち時間	約70分
休日 待ち時間	約70〜110分

ミッキーに必ず会える♪ 人気のグリーティング施設

攻略 季節時間帯問わず常に大人気… 狙うは開園30分以内!!

どの季節も平日休日関係なく常に長い待ち時間のミート・ミッキー。狙うならオープン後30分以内が吉！ それを逃したら、午前中は激混み必至なので、午後に会いに行こう！（東京都／38歳／ローズ）

攻略 持ち物チェック☆ 忘れちゃダメよ! カメラと一緒にサイン帳♪

ミッキーとふれあえるチャンスなのに忘れ物をするなんてナンセンスだよ。あの大スターに会うのだから、カメラはもちろんサイン帳も忘れずに！ どんなサインかは…お楽しみ♪（鳥取県／22歳／星の砂）

ココをCHECK！

① 車のタイヤ跡が…
家の前のガレージに止まっている車のタイヤ跡。ミッキー柄なんだよ♪

② リビングに注目
リビングの電話近くにメモを発見！ そこには今日のミッキーの予定が…

③ ムービーバーン
しかけがいっぱいの家を抜けるとスタジオへ！ 小道具や衣装にも注目！

DATA2　★定員／なし　★所要時間／フリー　★注意／グループは全員そろってからスタンバイ。手持ちのカメラでの撮影は1グループにつき1枚のみ。天候や混雑状況によりクローズ、実施時間が予告なく変更になる場合あり。

ディズニーランド

Q 隠れグーフィーがいるって聞いたけど、どこに隠れてるの？

茶目っ気たっぷり！自動演奏オルガンの穴

廊下の奥にある自動演奏オルガンに注目！ メロディロールにはミッキーがいるんだけど、その中に、1つだけグーフィーが混じっているよ。友だちと一緒に探し出したんだ！（山梨県／26歳／たんぽぽ）

Q 開園直後以外におすすめの時間帯は？

季節のメインショー各パレードの最中に

この前、エレクトリカルパレード中にミート・ミッキーに行ったんだ。なんと10分待たずにミッキーに会えたよ！ パークの混み具合にもよるみたいだから、注意が必要だけどね。（長崎県／28歳／エール）

Q 会えるミッキーは全部で何種類なのか教えて！

全部で4種類！ どのミッキーに会いたい？

いつものミッキー、ファンタジア魔法使いミッキー、大演奏会指揮者ミッキー、全身白黒の蒸気船ウィリーミッキーの全部で4種類かな。制覇した時は感動した〜。（千葉県／34歳／とかげ）

2種類のスプリングロールが食べられる

RESTAURANT　ミッキーのトレーラー　MAP ❾

ミッキーの家のすぐ前！ キャンプが大好きなミッキーがゲストのためにおやつを用意してくれているよ。パリパリ絶品ロールで、エネルギーチャージして出発だ！（神奈川県／24歳／グルメ王）

DATA スプリングロール（エッグ＆シュリンプ／ピザ）…各350円

ちょい足し情報＋ ミッキーとの写真撮影は1グループにつき1枚だけだからスタンバイ中にどういう配置にするか相談しておこうね。だって、みんなミッキーの横狙いでしょ？（熊本県／25歳／ポム）

屋内アトラクション　MAP⑫

ロジャーラビットの カートゥーンスピン

DATA1	
FP ファストパス	×
SR シングルライダー	×
身長制限	─
だっこOKか	×
平日待ち時間	約25分
休日待ち時間	約30〜60分

 デート　 雰囲気重視

ハンドル回して自由に回転 タクシーを乗りこなせ！

【攻略】
ストーリーも しっかりおさえて アニメの世界感に どっぷり浸ろう！

ロジャーを知らない…そんな人もアトラクションを楽しむなら、事前にストーリーをおさえておくとベター。あと、外から見て空いていても、屋内はかなり長く並ぶので注意。（山梨県／36歳／轟）

Q 回転系はちょっと苦手 そんなわたしでも 楽しめるかな？

 デート

ハンドルを回す 回さないは自由！

カートゥーンスピンは1人でお座りできれば、3歳未満もOKなアトラクション！　それにハンドルを回さなければさほど回転はきつくならないよ。もちろんスリルを味わいたい人は、ハンドルをどんどん回してね。（三重県／45歳／初心者マーク）

ココをCHECK！

① 入口のプレート
数字とアルファベットを上手く読むと、ディズニーに関係する言葉に。

② 待ち列の途中
会員制ナイトクラブの番人であるゴリラが、ゲストに話しかけてくる。

③ ラストシーン
ロジャーが魔法のように壁に出した「インスタント穴」から脱出。

DATA2　★形式／ライドタイプ　★定員／1台2名　★所要時間／約3分30秒　★注意／乗り物にひとりで座って安定した姿勢が保てない方は利用不可。子どもをひざに乗せた状態では利用不可。乗車中の撮影不可。

ディズニーランド

ミニーの家

屋内アトラクション MAP ⑬

DATA1	
FP ファストパス	×
SR シングルライダー	×
身長制限	－
だっこOKか	○
平日待ち時間	約10分
休日待ち時間	約0～30分

子連れ 　女子会

女子のハートを鷲掴み?! ミニーちゃんの私生活

攻略 色々触ってね！おうちの中はあっと驚くしかけがたっぷり

ケーキを焼いたり、食洗機を動かしたり。いろいろ試してみてね。オーブンの上にあるポットからはおなじみのあの曲も聞こえてくるよ。しかけを何個見つけられるかな？（東京都／21歳／ポニー）

Q ミニーの家の井戸にコインを投げると何か聞こえるってホント？

ミニーの声が聞こえてくる

女子会

井戸の名前は「願いの井戸」。コインを投げるとミニーちゃんの声が聞こえるの。メッセージは5種類くらいかな？ 投げ込むたびに変わるよ。実は、コインを入れなくてもメッセージは聞けちゃうの。気軽に試してみてね♪（千葉県／33歳／ボタン）

ココをCHECK！

1 ミニーちゃんの香水のビン
ミニーちゃんのドレッシングルームの香水を押すとほんのり香りが♪

2 ごくまれに入場制限が
混雑する週末にはまれに簡単な入場制限がかかる事もあるから要注意!

3 ミニーからの挑戦状
キッチンのテーブルにミニーからのメッセージと不思議なクッキーが…

DATA2 ★形式／ウォークスルータイプ　★定員／なし　★所要時間／フリー
★注意／特になし。足元に注意して、混雑時は譲り合っておうちの中を見て回ろう。

トゥモローランド／アドベンチャーランド／ウエスタンランド／クリッターカントリー／トゥーンタウン／ファンタジーランド／ワールドバザール

屋内アトラクション　MAP⑲

グーフィーの ペイント＆プレイハウス

	DATA1
FP ファストパス	×
SR シングルライダー	×
身長制限	―
だっこOKか	○
平日 待ち時間	約15分
休日 待ち時間	約15〜30分

グループ

子連れ

グーフィーの部屋を ペンキを飛ばして模様替え

攻略　引く・押す・回すの簡単操作で小さな子どもでも一緒に楽しめる！

グーフィーのお部屋をペンキで模様替えしちゃおう。噴射装置の操作は簡単だから小さな子でも楽しめるよ！　狙いを定めるのがちょっとだけ難しいからさり気なくフォローしてあげてね！（岩手県／32歳／猫丸）

Q 8人制のようだけどペンキの色は自分で選べるの？

グループ
順番にご案内! 運命に身を任せて

ペンキの色はピンク、水色、紫など8色。順番に案内されるので、どれになるかはお楽しみ！　仕上がりパターンは、ジャングル、ビーチ、西部、王様の部屋、宇宙船などがあるみたい。（神奈川県／31歳／サラリーマン翔太郎）

ココをCHECK！

1 グーフィーのおうちの庭
庭に注目。野菜や果物が植えられたり、洗濯物が干されていて、生活感たっぷり。

2 家の入口の壁に注目
ペンキの噴射装置の使い方を説明したポスターを、事前にチェック！

3 意外なキャラを発見！
ペンキを飛ばしたところに変化が！時にはダッフィーがいることも。

DATA2　★形式／ウォークスルータイプ　★定員／8台8名　★所要時間／約1分30秒
★注意／フラッシュ撮影不可。暗いので足元に注意して進もう。

ディズニーランド

MAP ⑮

屋内・外アトラクション

チップとデールの ツリーハウス

DATA1	
FP ファストパス	×
SR シングルライダー	×
身長制限	—
だっこOKか	○
平日待ち時間	約0分
休日待ち時間	約0分

 子連れ アクティブ派

まるで秘密基地?! ツリーハウスを自由に散策

攻略 小さな階段を上って下りて大人も童心に返ろう♪

とにかくかわいいチップとデールのツリーハウス。大人にはちょっぴり狭いと感じる階段も童心に返って楽んじゃおう！ そんな気持ちにさせてくれる素敵な空間が広がってるよ！（鳥取県／49歳／カラコロ）

Q チップとデールのツリーハウスの見どころを教えて！

 子連れ 木の上からの眺めと不思議な機械

木の上から見渡すパークはなかなか壮観！ うちの子が好きなのは階段を下った左脇にあるどんぐりバターを作る機械。レバーを引いたり、ボタンを押したりすると音が聞こえます。機械が大好きな子どもは大喜び！（静岡県／36歳／木の実）

ココをCHECK！

① ツリーハウス全体
1年中どんぐりが実っているのは、2匹が上手に栽培しているからとか。

② 注文ボード
バター製造機の上にあるボードには、注文者の名前が書いてある。

③ ハウス入口付近
クリスマス時期は、ウェルカムボードの2匹がサンタクロースの姿に。

DATA2 ★形式／ウォークスルータイプ ★定員／なし ★所要時間／フリー
★注意／特になし。階段が狭くなっているので足元に注意して進もう。

屋外アトラクション MAP⑱

トゥーンパーク

長いベンチで休憩できるふかふかの床の公園

DATA1

身長制限	だっこOKか	待ち時間
ー	〇	約0分

まったり派

小さい子向けの公園だとスルーしているともったいない。公園を囲むようにベンチがあるので、空席を見つけやすくひと休みに最適スポット。
（千葉県／27歳／チョコマカダミア）

DATA2
★形式／ウォークスルータイプ　★定員／なし　★所要時間／フリー　★注意／特になし。小さい子から目を離さないようにしよう。

屋外アトラクション MAP⑯

ガジェットのゴーコースター

時速約35.3km！ドングリ型のかわいいジェットコースター

DATA1

身長制限	だっこOKか	待ち時間
90cm以上OK	×	約20〜40分

子連れ

コースターがちょっぴり苦手な人にピッタリなスリリング感。実はカップルにもおすすめなの。席がかなり狭い造りになっているから自然と彼と密着できちゃう。（岐阜県／23歳／チップ）

DATA2
★形式／ライドタイプ　★定員／1台16名　★所要時間／約1分　★注意／身長による制限あり。妊娠中の方は不可。乗車中の撮影不可。

屋内・外アトラクション MAP⑰

ドナルドのボート

ボイラー管の滑り台など大人も楽しいしかけ満載！

DATA1

身長制限	だっこOKか	待ち時間
ー	〇	約0分

アクティブ派

1階バスタブの後ろに飾られた写真におもしろいものを見つけました。ウォルトディズニーとドナルドのツーショット写真。なかなかレアなものが見られました。（神奈川県／40歳／エリ）

DATA2
★形式／ウォークスルータイプ　★定員／なし　★所要時間／フリー　★注意／2階に上がる螺旋階段はかなり狭くなっているので足元に注意して。

ちょい足し情報＋　「トゥーンパーク」は遠目だけどパレードが見られます。公園入口近くのベンチを確保しておこう。夜の花火をここで鑑賞するのもわたしはけっこう好きです。（福岡県／26歳／梅ひじき）

ディズニーランド

ショップ MAP 9
店内のしかけも必見！文具、玩具、ガチャ幅広く取り扱う総合店
ギャグファクトリー／ファイブ・アンド・ダイム

僕のお目当てはガチャガチャ。ガチャがあるのはここと「トレジャーコメット」と「アドベンチャーランド・バザール」です。レアなガチャを見つけたらラッキー！（山口県／34歳／コレクター）

便利グッズ	●傘　●レインポンチョ　●デジタルメディア　●携帯電話充電器　●電池　●切手　●ストッキング　●ポケットティッシュ　など

ショップ MAP 8
サングラスや光グッズ…その場で使いたい品が揃う
トゥーンタウン・デリバリー・カンパニー

かわいいデリバリートラックが目印。よく見るとタイヤがパンクしてヘニャッとなってるの。こういうあしらいがトゥーンタウンぽくていいですよね。（群馬県／29歳／カメ仙人）

便利グッズ	●傘　●電池　●かいろ

レストラン MAP 8
ミッキーのグローブ形とドナルドの足形のサンドが名物！
ヒューイ・デューイ・ルーイのグッドタイム・カフェ

テラス席だけだけど屋根付きなので雨の日でも安心。グローブ型サンドとミッキーピザが有名だけど、ひそかにファンが多いのが「レモンクリームパイ」。（静岡県／30歳／カメ）

メニュー例	●ミッキーピザ…セット880円　単品500円 ●ドナルドバーガー（エビカツ）…セット930円　単品550円

レストラン MAP 7
定番人気のキャラメルポップコーンを販売！
トゥーンポップ

ココでミニーちゃんのリボンをデザインしたバケットをゲット。かわいすぎると人気なの。バケットのデザインはたびたび新しくなるのでついまた買っちゃうよね。（東京都／25歳／桃子）

メニュー例	●ポップコーン、バケット付き…1640円〜（キャラメル味） ●ポップコーン、レギュラーボックス…310円（キャラメル味）

ちょい足し情報＋ ポップコーンバケットの中には1人3個までしか買えないものもあるんだよ。人気のバケットは売り切れてしまうかもしれないから、欲しいと思ったときが買い！（千葉県／26歳／メロン娘）

屋内アトラクション　MAP⑩

プーさんの ハニーハント

	DATA1	
FP ファストパス	○	
SR シングルライダー	×	
身長制限	—	
だっこOKか	×	
平日 待ち時間	約70分	
休日 待ち時間	約80〜150分	

トロ〜リ甘いはちみつをハニーポットで探しに

攻略：FPは早めにゲット！ 根強い人気のハニーハントは常に長い待ち時間

ハニーハントは人気だから朝一番に並ぶか、FPを上手に利用したほうが◎！ FPは売り切れになることも多いから注意して。FPがなくて150分待った経験がある僕からのアドバイスです。(長野県／24歳／星)

攻略：ラストシーンの大きな絵本は閉じたり開いたりするしかけ！

一番最後の大きな絵本に注目！ 最初から閉じていることが多いけど、開いた状態から閉じることもまれにあるんだって。何でも混雑具合で変わるとか。要チェックだね！(山口県／32歳／虎河豚)

ココをCHECK！

1 ライド中
ポットの動きはランダム。乗ったポット次第で違う展開が楽しめる。

2 英国風ガーデン
舞台となるイングリッシュガーデンは本格派。季節でも景観が変わる。

3 ラストシーン
はちみつに埋もれるプーさんの場面では実際にはちみつの香料を使用。

DATA2　★形式／ライドタイプ　★定員／1台5名　★所要時間／約4分30秒　★注意／乗り物にひとりで座って安定した姿勢が保てない方は利用不可。子どもをひざに乗せた状態では利用不可。乗車中の撮影不可。

ディズニーランド

Q 待ち時間が長いハニーハントスタンバイ中の楽しみ方は?

英語で書かれた絵本でプーさんの物語の世界へ

乗り口までの通路に沿って、大きな絵本のページが立てかけてあります。みんなでがんばって訳してみました。やさしい英語なので、高校生でも内容はだいたいわかります。(岡山県／18歳／桃子)

Q はちみつ大砲に撃たれるにはどうすればいいの?

1番目か3番目のハニーポットを狙え!

はちみつ大砲に撃たれるには、1番目か3番目のポットに乗る必要があるんです。キャストさんにお願いすれば、状況次第で乗せてくれることもあるから聞いてみてね。(石川県／33歳／ココア)

Q はちみつ大砲ははちみつの香りがするって本当?

大砲で香りがするのは気のせい…らしい

みんなではちみつ大砲に撃たれたら、甘い香りがしたような気がした。でもはちみつの香りがするのは、ラストシーンのプーさんがはちみつまみれになるシーンなんだって。あれれ?(富山県／28歳／ポン)

プーさんグッズだらけのイギリス風のおうち

SHOP プーさんコーナー MAP 7

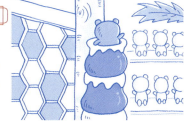

イギリスの田園邸宅をイメージした店内には、プーさんグッズがずらり♪ ハチの巣のライトに、壁や天井もプーさんたちのデザイン。発見がいっぱいで見ているだけで楽しめる!(沖縄県／56歳／貝殻)

DATA 音に反応するアクションぬいぐるみ など

ちょい足し情報 「ハニーハント」で出会える隠れミッキーにも注目してみて! ヒントはラビットのおうち。干してある洗濯物をよく見てね。ここのポットの動きは早いから頑張って〜!(愛知県／22歳／VIP)

屋内アトラクション　MAP

ピーターパン空の旅

DATA1	
FP ファストパス	×
SR シングルライダー	×
身長制限	—
だっこOKか	×
平日待ち時間	約30分
休日待ち時間	約40〜70分

デート　まったり派

空飛ぶ船で夢の空中遊泳
幻想的な数々の演出も魅力

攻略　待ち時間は意外と長めFPがないのでスタンバイ必須

FPがないので乗りたい場合は並ぶしかない。おまけに2人ずつのライドで回転が悪いので、1日中ずっと混雑しているよ。乗るならランチタイムかパレード中の若干空く時間かな。(大分県／38歳／温泉)

Q 長期の休止期間後はどんなところが変わったの？

デート　**ロンドンの夜景 照明や映像に注目**

2016年に半年間の休止後再開して、いろんなシーンやキャラクターが細かく変わったよ。一番すごかったのは、ロンドンの夜景の美しさ。満天の星空の中にネバーランドが浮かび上がってくるシーンには感動！(千葉県／24歳／海猫)

ココをCHECK！

① スタンバイ中
スタンバイ中はちょっぴり退屈だから、暇つぶしグッズがあると◎！

② ライド直後
船に乗り込むと、ティンカー・ベルが魔法をかけてくれる演出が。

③ 入口上部の看板
アトラクション名の下に小さなティンク。魔法の粉をかけてくれる。

DATA2　★形式／ライドタイプ　★定員／1台2名　★所要時間／約2分30秒　★注意／乗り物にひとりで座って安定した姿勢が保てない方は利用不可。子どもをひざに乗せた状態では利用不可。乗車中の撮影不可。

ディズニーランド

MAP ⑥

屋内アトラクション

キャッスルカルーセル

DATA1	
FP ファストパス	×
SR シングルライダー	×
身長制限	—
だっこOKか	×
平日待ち時間	約10分
休日待ち時間	約20〜40分

女子会 子連れ

美しい白馬たちに囲まれて
プリンセス気分を満喫♡

攻略 白馬は5サイズ
内側は子ども用で
一番外側の列は
親子で一緒に

外側の木馬が1番大型で、内側になるにつれて小さくなっているよ。10歳未満の子どもとなら外側の大きな木馬に2人乗り可能。親子の思い出作りに最適です。
（香川県／47歳／溺愛パパ）

Q 木馬は何頭いるの？
種類や飾りは何種類？

女子会

木馬の種類は
全部違う
好みの馬を探そう

木馬は全部で90頭。全て白馬だけど、これだけの数がいながら同じ馬は1頭もいないそう。表情、装飾、ポーズなどなど、必ず何かしら違いがあるよ。ぜひ、お気に入りの1頭を見つけてね。
（鳥取県／19歳／馬術部）

ココをCHECK！

1 スタンバイ中に観賞
上部の装飾には「シンデレラ」の物語が18枚の絵で表現されている。

2 優雅に流れるBGM
BGMはディズニーの名曲ばかり。「星に願いを」など12曲が流れる。

3 ライド中に発見！
サプライズで、プリンスとプリンセスが一緒に乗っていることも。

DATA2 ★形式／ライドタイプ　★定員／90名　★所要時間／約2分　★注意／乗り物にひとりで座って安定した姿勢が保てない方は利用不可。子どもをひざに乗せた状態では利用不可。

屋内アトラクション　　　MAP

ホーンテッド マンション

	DATA1
FP ファストパス	○
SR シングルライダー	×
身長制限	－
だっこOKか	○
平日待ち時間	約45分
休日待ち時間	約60〜100分

デート　雰囲気重視

999人のゴーストが住む不気味な洋館の中へ…

攻略 季節や時間帯で大きく変動?! 待ち時間は細かくチェック

季節や時間帯で待ち時間が大きく変わるみたい。猛暑日やパレードの終わった時間は混みがち。ハロウィン＆クリスマス期の特別バージョンには、普段スルーする人も来るので混んでます。（千葉県／27歳／鮫）

攻略 単なるお化け屋敷とは一線を画す雰囲気や音楽へのこだわりを見よう

単に驚かせるのではなく、細部に様々なこだわりを感じるのがすばらしい。建築や彫刻、音楽や視覚効果まで意識しながらというのも、大人の楽しみ方としてアリだと思います。（神奈川県／37歳／修一）

ココをCHECK！

1 八角形の小部屋
肖像画を見ていると、部屋が？壁が？伸びる不思議体験ができる。

2 ライド中
ドゥームバギーの独特の形と耳元で囁く声などで、孤独感を演出。

3 クライマックス
ヒッチハイク中の不気味なゴーストが勝手にバギーに乗り込んでくる。

DATA2 ★形式／ライドタイプ　★定員／1台3名まで　★所要時間／約15分
★注意／フラッシュ撮影、液晶画面を使用しての撮影不可。

ディズニーランド

Q いつ並ぶ？ 期間限定の「ホリデーナイトメアー」！

デート

午後〜夕方は激混み 午前中が狙い目！

ハロウィン&クリスマス限定の特別バージョンは午前中が比較的空いている！ 午前中にプーさんやモンスターズインク。午後にナイトメアーに乗ろうとする人が多いみたい。（広島県／26歳／野球マネ）

Q スタンバイ時間が13分になることがあるって本当？

雰囲気重視

10分以下の待ち時間は不吉な「13分」と表示

待ち時間が「13分」と表示されることがあるのはココだけ。不吉な数字とされる「13」で不気味さを演出しているんだね。細やかな芸はさすが。実際には10分以下で入れるよ。（青森県／45歳／13の階段）

Q かわいいキャストのコスチュームのイメージは？

雰囲気重視

屋敷に仕えるメイドさんと執事

コスチュームマニアの中では人気No.1との噂の衣装はメイドのイメージ。深みのあるグリーンがシック。コウモリをあしらった白いレースのカチューシャもかわいい！（富山県／24歳／うどん）

あま〜い香りがただようポップコーンを買おう！

RESTAURANT ファンタジーランドのポップコーンワゴン

ライド後はポップコーンでひと休み。ファンタジーランドのポップコーンワゴンは3か所で、キャッスルカルーセル横にはミルクチョコ、ハニハン前には2か所あってハニー味のことが多いよ。（岩手県／41歳／スター）

DATA ポップコーン、バケット付き…1640円〜（バケットによって異なる）

ちょい足し情報＋ 建物の入口の前にはいくつかお墓が並んでいるけど、墓石にはこのアトラクの開発に関わった人の名前が書かれているよ。本当のお墓でないといいけど…。（宮崎県／47歳／ケン）

トゥモローランド／アドベンチャーランド／ウエスタンランド／クリッターカントリー／トゥーンタウン／ファンタジーランド／ワールドバザール

屋内アトラクション　MAP

ミッキーの
フィルハーマジック

	DATA1
FP ファストパス	×
SR シングルライダー	×
身長制限	—
だっこOKか	○
平日 待ち時間	約20分
休日 待ち時間	約20〜40分

まったり派　にぎやか好き

見て、聴いて、感じて！
音楽と魔法の大迫力3D映画

攻略 幅42mもの巨大スクリーン 鑑賞位置は中央席で決まり！

僕のオススメは断然、中央席！先頭または最後に入ると、座席の端になるので、ほどよいタイミングで入るのがポイント。身長の低い人や子どもは前の方の席がいいよ。（熊本県／31歳／やかんくん）

Q 待合室のオブジェ 隠れミッキーはどこにいる？！

にぎやか好き

キーワードは…金貨、コルク、地図

オブジェは全部で3つ。アラジンは金貨の重なりに、美女と野獣はシャンパンのコルク模様に注目してみて。ピーターパンは、地図が丸まった部分をよ〜く覗いてみよう。ライトで照らすと見つけやすいよ！（徳島県／29歳／なると）

ココをCHECK！

① 特殊効果
風、水、香りなど、上映シーンに合わせた演出を一緒に体感しよう！

② アリエルのシーン
アリエルのかわいさで、ドナルドの出す泡がハート型になるのに注目。

③ クライマックス
スクリーンから飛び出してくるドナルド。プリプリのお尻に爆笑必至。

DATA2　★形式／シアタータイプ　★定員／454名　★所要時間／約15分(上演時間約11分)
★注意／フラッシュ撮影、液晶画面を使用しての撮影不可。

ディズニーランド

シンデレラの フェアリーテイル・ ホール

屋内アトラクション　MAP⑪

DATA1	
FP ファストパス	×
SR シングルライダー	×
身長制限	―
だっこOK	○
平日待ち時間	約15分
休日待ち時間	約20～40分

物語の主人公気分で シンデレラ城を自由に散策

攻略　美しい調度品に豪華なインテリア プリンセス気分でお城生活を楽しむ

シンデレラの物語に関する絵画や美術品はもちろん、部屋ごとに異なるシャンデリアや色彩豊かなステンドグラスなど、乙女心をくすぐります。物語の世界観を360度堪能して。（滋賀県／26歳／フリル）

Q フラッシュ撮影すると不思議なことが起こる絵があるってホント？

女子会　魔法の光の軌道が目に見えるように！

最後の大広間にかけられている「フェアリー・ゴッドマザー」の絵。この絵の前でフラッシュ撮影をすると、魔法にかけられているように光をまとった写真が撮れるんだよ。合言葉はもちろん「ビビディ・バビディ・ブー」♪（山梨県／32歳／魔女）

ココをCHECK！

1 アート作品
物語をフィギュアやペーパークラフトで再現。様々なしかけにも注目。

2 婚礼祝いの絵画
絵を眺めていると、壁穴からねずみのガスとジャックが顔を出す。

3 大広間でなりきり
玉座に座ったり、ガラスの靴に足を入れたり、名場面が撮影できる。

DATA2　★形式／ウォークスルータイプ　★定員／なし　★所要時間／フリー（通常見てまわると約8分）
　　　　　★注意／イベント実施に伴い終日または一時的にクローズする場合あり。

トゥモローランド / アドベンチャーランド / ウエスタンランド / クリッターカントリー / トゥーンタウン / ファンタジーランド / ワールドバザール

099

屋内アトラクション　MAP ⑨

アリスの
ティーパーティー

	DATA1
FP ファストパス	×
SR シングルライダー	×
身長制限	―
だっこOKか	○
平日待ち時間	約15分
休日待ち時間	約20～40分

グループ にぎやか好き

回転速度は自由自在！
アリス版コーヒーカップ

攻略 1分間に最大45回転！回し過ぎにはくれぐれも注意！

カラフルなカップを"かわいい"と侮るなかれ。中央のハンドルを回すほど勢い良く回転し、約1.3秒に1回転というデンジャラスな絶叫マシーンに。酔いやすい人は気を付けて！（北海道／21歳／パジャマ）

Q キャストアナウンスでサプライズがあるって聞いたけど内容は？

にぎやか好き　**お誕生日の人は名前を呼ばれるよ！**

アリスのティーパーティーのシーンと同様「お誕生日じゃない日おめでとう!」とアナウンスされた後に、お誕生日の人は名前を呼んで祝ってもらえるよ。乗る前にバースデーシールをキャストさんにしっかり見せておこう！（滋賀県／30歳／池田）

ココをCHECK！

① アトラクションBGM
映画『不思議の国のアリス』のお茶会シーンでの音楽が流れる。

② 中央のポットから
寝ぼけ顔がかわいい眠りねずみのドーマウスが、ときどき顔を覗かせる。

③ 特別ゲストが乗車
ごくまれにアリスやフック船長など、キャラクターがライドすることも。

DATA2 ★形式／ライドタイプ　★定員／1台4名　★所要時間／約1分30秒
★注意／特になし。回転酔いする可能性があるので食後は避けたほうがベター。

ディズニーランド

MAP❷

屋内アトラクション

白雪姫と七人のこびと

DATA1	
FP ファストパス	×
SR シングルライダー	×
身長制限	—
だっこOKか	×
平日 待ち時間	約20分
休日 待ち時間	約20〜40分

 アクティブ派　 雰囲気重視

ベッド型トロッコに乗って恐い女王の罠から逃げろ！

攻略　白雪姫の恐ろしい冒険を追体験 こわがりさんやちびっこは要注意

ロマンティックなライドを期待してはダメ。白雪姫となったあなたを待ち受けるのは、恐ろしい女王や魔女の呪い…。暗闇の森や毒リンゴを作る実験室など、怖いシーンの連続です。(石川県／29歳／卓造)

Q「白雪姫の」だけど主人公のプリンセスに会えないってホント？

 アクティブ派　**こびとの家の前で白雪姫は1度登場**

実はアナハイムのディズニーランドでは開園当初、白雪姫は登場しなかったそう。ファンタジーランド大改装時、ゲストの声に応え、白雪姫が出てくるようになったらしい。一瞬しか登場しないので、見逃さないで！(千葉県／56歳／煎餅)

ココをCHECK！

1 ベッド型トロッコ
前面にこびとのうち誰かの名前が刻まれている。乗車前にチェックを。

2 悪に満ちた魔女
鏡に怒り狂い、毒りんごを作り、姫に近づく魔女の恐ろしい表情は必見！

3 クライマックス
雷鳴轟く中、こびとたちが魔女に挑む！ 扉の外へと冒険物語は続く!?

DATA2　★形式／ライドタイプ　★定員／1台4名　★所要時間／約2分30秒　★注意／乗り物にひとりで座って安定した姿勢を保てない方は利用不可。子どもをひざに乗せた状態では利用不可。乗車中の撮影不可。

屋外アトラクション MAP 5

空飛ぶダンボ

ボタン操作で上昇＆下降 ダンボに乗って空中散歩

DATA1

身長制限	だっこOKか	待ち時間
—	×	約30～60分

子連れ

パレードルートが近くにあり、待ち時間もパレードを鑑賞できるんですよ。ちょっと見づらいんですけどね。あえてパレードの時間を狙ってスタンバイするのが◎。（埼玉県／30歳／美紀ママ）

DATA2 ★形式／ライドタイプ ★定員／1台2名 ★所要時間／約1分30秒 ★注意／乗り物にひとりで座って安定した姿勢が保てない方は利用不可。子どもをひざに乗せた状態では利用不可。乗車中の撮影不可。

屋内アトラクション MAP 4

ピノキオの冒険旅行

『ピノキオ』の映画シーンをトロッコで旅する

DATA1

身長制限	だっこOKか	待ち時間
—	×	約20～45分

グループ

待ち時間がたいてい30分ぐらいで、1時間以上になることはめったにないので、隙間時間を狙って乗車するのがオレ流。映画を見て予習しておくとベター。（群馬県／23歳／マンモス）

DATA2 ★形式／ライドタイプ ★定員／1台4名 ★所要時間／約2分 ★注意／乗り物にひとりで座って安定した姿勢が保てない方は利用不可。子どもをひざに乗せた状態では利用不可。乗車中の撮影不可。

ショップ MAP 2

シンデレラ城の中にあるガラス製品の実演販売店

ガラスの靴

ガラスのフィギュアリンやオブジェ…キラキラ輝くグッズがたくさん並び乙女ゴコロをくすぐります。お高いものが目につきますが、アクセサリーぐらいなら彼におねだりできちゃうかもしれませんね。名前を入れてもらえるものもありますよ。（山梨県／24歳／菜食主義）

ショップ MAP 4

フィルハーマジックグッズが豊富に揃う

ハーモニーフェア

フィルハーマジック関連のドナルドのグッズはかわいくてお土産にも最適です。意外にもカチューシャやファンキャップ、防寒グッズ系も結構充実しているので、当日その場で必要なものも調達できちゃいます。（岡山県／27歳／妖怪マン）

便利グッズ ●傘 など

ちょい足し情報 空飛ぶダンボは乗車組と撮影組に分かれるのがベター。乗車中の撮影は禁止だからね。できればしっかりズームできるカメラを持参して。（群馬県／18歳／ドラコ）

ディズニーランド

レストラン MAP③

テーマは『ふしぎの国のアリス』誕生日祝いにも最適な人気店

約460席 | PS | バフェテリア | 食事

クイーン・オブ・ハートのバンケットホール

バースデーケーキに変えてサプライズ！
Happy UnBirthday
プレート変更OK！
HAPPY BIRTHDAY

TDLでホールケーキ「アンバースデーケーキ」(1010円)があるのはココだけ。配膳ルートでキャストに頼めば、"Un"を取った"Happy Birthday"と書かれたプレート付きのケーキを出してもらえるんだよ。（東京都／20歳／桃子）

メニュー例
- チーズハンバーグ、デミグラス＆ラズベリーソース…1380円
- シーフードフライ、タルタルソース…1210円
- ハートのストロベリームース…430円

レストラン MAP②

焼き立てピザを堪能しながらパレード鑑賞ができるお店

キャプテンフックス・ギャレー

約210席 | PS | カウンター | 軽食

パレードをおいしいピザを食べながら見られる貴重な1軒です。お店に向かって右側の通路沿いの席が見やすくておすすめ。人気だから早めに確保して。（東京都／34歳／ミモザ）

メニュー例
- シーフードピザ…セット710円、単品500円
- ベーコンとパイナップルのピザ…セット660円、単品450円

レストラン MAP⑤

定番チュロスに負けない人気ぶり、スティック状のパイ菓子を販売

ビレッジペイストリー

席数 | PS | ワゴン | スナック

サックサクのパイ生地に甘いクリームが入ったスイーツ"ティポトルタ"は私の大好物。イベント開催中は期間限定の味が登場するのもお楽しみなんです。（埼玉県／24歳／尚子）

メニュー例
- ティポトルタ（チョコレート）…360円

ちょい足し情報＋　「クイーン・オブ・ハートのバンケットホール」はハート型のハンバーグなど、見た目がかわいいお料理が充実。かわいいもの好きの女子にはたまらない。（東京都／30歳／主婦）

トゥモローランド／アドベンチャーランド／ウエスタンランド／クリッターカントリー／トゥーンタウン／ファンタジーランド／ワールドバザール

Column
キャッスルプロジェクションはココで見る!

"見え方" or "混雑度"?
どちらを重視するかで作戦は変わる

　人気のうちに終了した「ワンス・アポン・ア・タイム」やさまざまなイベントで上映された、シンデレラ城のプロジェクションマッピングのショー。2018年7月から始まる「Celebrate! Tokyo Disneyland」も混雑必至。満足に見られなかった…なんてことがないように、見学場所を今一度チェックしておこう。
　このショーは見え方と混雑度のどちらをとるかで、鑑賞場所が変わる。例えば、城が正面に見える①②③は、キャラの表情や演出などキレイに見える分人気が高く、すし詰めになるほど混みあうことも。③は全体が見えるため、像のある植え込みのすぐ後ろは、午前中から場所取りする人も多い。④は人の頭などにさえぎられるため見づらいわりに、見物客と帰宅客の両方でごった返すのでおすすめしない。⑤⑥は斜めから見るため、映像はゆがむが、臨場感たっぷりで比較的混雑しないため、出遅れても十分鑑賞できる。また⑦は、城の裏になるので映像は全く見えないが、城に近い分迫力満点。混雑は苦手だが、雰囲気だけでも味わいたい人にぴったりだ。

ショー観賞場所 MAP

比較してみました!
- ●見え方
  ②>①>③>⑤>⑥>④>⑦
  良い　　　　　　悪い
- ●混雑度
  ⑦>⑥>⑤>④>③>②>①
  低い　　　　　　高い

ちょい足し情報　ディズニーランドホテルにはお城が見える部屋があり、プロジェクションマッピングショーが見えることも。私は「ワンス・アポン・ア・タイム」を見たよ。（静岡県／35歳／高倉）

ディズニーランド

MAP ㉖

屋外アトラクション

オムニバス

DATA1	
FP ファストパス	×
SR シングルライダー	×
身長制限	—
だっこOKか	○
平日待ち時間	約10分
休日待ち時間	約0～20分

 雰囲気重視　 グループ

パーク初心者にオススメ！プラザをぐるりと1周

攻略：乗るなら2階席！高い目線でパークを見ながらプラザを巡る

パークを遠くまで見渡せる2階席からは、歩いて見るのとはまた違った景色を堪能できる。運転手さんのテーマランドの解説はわかりやすいので、パーク初心者さんには断然おすすめ！（愛媛県／29歳／のんたん）

Q どんな乗り方がいい？おすすめの座席や時間帯を教えて！

 雰囲気重視

夕暮れ～夜にかけて2階の席に乗車

オムニバスが夕方に走っていることはほとんどないので、もし見かけたら、絶対乗ってみて！　2階の最前列か左側の席が特におすすめ。この席から見るパークの夕暮れはとってもキレイなの！　うっとりしちゃうよ。（島根県／34歳／あつみ）

ココをCHECK！

① 運転手のガイド
運転手さんのランドの解説はわかりやすい。初心者もパーク全体を把握できる。

② 夕暮れのパーク
オムニバスから眺める夕暮れのシンデレラ城は美しい。写真必須！

③ 車体のポスター
車体のアトラクションのポスターはレトロ感があって、とてもおしゃれ。

DATA2　★形式／ライドタイプ　★定員／33名　★所要時間／約6分
★注意／パレードやショーの時間は運休の場合あり。運営時間は開園30分後から夕刻まで。

トゥモローランド／アドベンチャーランド／ウエスタンランド／クリッターカントリー／トゥーンタウン／ファンタジーランド／ワールドバザール

屋内アトラクション　MAP 25

ペニーアーケード

ノスタルジックなムード漂うゲームセンター

DATA1

身長制限	だっこOKか	待ち時間
―	○	約0〜10分

グループ

空いていることが多い穴場の遊び場です。いちおしはクレーンゲームですね。小さなかわいいマスコットがゲットできるのでちょっとした記念になります。（東京都／17歳／けろっぴ）

DATA2
★形式／ウォークスルータイプ
★定員／なし　★所要時間／フリー
★注意／特になし。ゲーム機は約20台あり、1回10円〜200円。

ショップ　MAP 24

ココだけのオリジナル！
あなたの横顔が切り絵に

シルエットスタジオ

アーティストが切り絵（有料）を作ってくれます。しかも目の前で！　人物の横顔だけかと思いきや、キャラとのツーショットもOKとのこと。ミッキーとカップルみたいなツーショットもできちゃうってことよ！　別売の写真立ても一緒に購入すれば完璧。
（熊本県／29歳／ランチはのり弁）

ショップ　MAP 23

手紙を書く机もある
品揃え抜群の文具店

ハウス・オブ・グリーティング

バラまき用のおみやげを買うのにもおすすめの文房具店。ペンや消しゴム、付箋なんかが定番かな〜。あとはポストカードとか便箋を買って、店内にある机で手紙を書くのもアリ。ランド内のメールボックスに投函すれば限定スタンプを押してもらえるしね。（東京都／19歳／真理恵）

ショップ　MAP 18

ミニーとデイジーが
店主のTDL最大の
アパレル専門店

タウンセンターファッション

一度やってみたかったのが全身コーデチェンジ。ココは靴からパンツ、トップス、上着、帽子まで何でも揃っているので実現。お揃いの服を買いたい人にも◎。（福井県／29歳／キャラ）

便利グッズ	●傘　●レインポンチョ ●ストッキング ●ポケットティッシュ ●かいろ　など

 急に寒くなってきたので、「タウンセンターファッション」でパーカーと毛布を購入。ワンポイントでミッキーが入っているものなどシンプルなものもあるのでうれしい。（長野県／23歳／餡子）

106

ディズニーランド

ショップ　MAP 22
実演販売も見もの！ワクワクする手品グッズ店
マジックショップ

ディズニーモチーフのマジックグッズだけの取り扱いではなく、キャラクターものではない一般的なマジックグッズもあるからとっても意外でした。人気はライトが点滅する、光るタイプの魔法のステッキなんだとか。マジック用のカードやコインもありますよ。（東京都／30歳／手芸部）

ショップ　MAP 20
クッキーやパイ、チョコ…焼き菓子が豊富なお菓子屋さん
ペイストリーパレス

ワールドバザールのお菓子屋さんでは、こちらの方が比較的人が少ないから、お菓子を買いたいときはおすすめ。イチオシはバームクーヘン。ユーハイムがスポンサーのショップなので味もお墨付き。個包装されているお菓子が多いのでばらまきみやげに便利です！（神奈川県／18歳／バレー部）

Column
注目の催し"アトモスフィア・エンターテイメント"
熱いパフォーマンスを間近で見物！個性豊かな道端ショー

パークの楽しみの1つでもあるアトモスフィア・エンターテイメント。パフォーマーの迫力あるダンスやプロの歌手の美しい生歌などを、近い距離で楽しめるのがウリだ。

アドベンチャーランドでは猿に扮したパフォーマーがパーカッションを繰り広げたり、トゥモローランドではロボット宇宙飛行士がダンスしたり…などと各エリアのテーマにあったショーを用意している。中には、パークのメンテナンスを行っているキャストによるパフォーマンス「ファン・メンテナンス」や自転車に乗せたピアノを演奏する「バイシクルピアノ」といった変り種も。

所用時間およそ20分のアトモスが多く、出没率が高いのが11時ぐらいから16時ぐらい。運良くお目当てのショーに出会えたらラッキー！

ちょい足し情報 シーのアトモスフィアは、おなじみのお掃除担当キャスト"カストーディアル"によるショーをやっているよ。あとは、バンドによる演奏が多いみたい。（千葉県／23歳／シング）

レストラン	MAP㉑

パーク開園から閉園まで
オープンするパン屋さん

スウィートハート・カフェ

ミッキーのデニッシュが王道なんだけど、マイクのメロンパンも隠れた人気！開園から閉園までやっていて、スイーツもあるから、ごはんでもお茶でも利用しやすいよ。（広島県／30歳／HPP）

メニュー例	●クロワッサン…190円 ●カレーパン…290円 ●ミートパイ…310円 ●ハンバーグデニッシュ…360円

レストラン	MAP⑲

情緒溢れる店内もウリ
パーク内唯一の和食店

れすとらん北齋

しっとりした和空間×定番のほっと落ち着く和食。いつも行列が絶えない人気店です。日本茶がサービスなのも他のレストランにはない人気の秘密。（愛知県／29歳／カメラマン）

メニュー例	●天麩羅膳…1830円 ●豚肉と焼餅のきつね五目うどん膳…1630円 ●ロースカツ膳…1830円

レストラン	MAP⑰

ヴィクトリア様式の店内で
本格パスタコースを

イーストサイド・カフェ

コースは6種のパスタから選べるのがうれしい！　ロングパスタのほかにも、トルティリオーニやニョッキなど種類もさまざまなのでシェアしあうのもアリだよね。（埼玉県／25歳／女優志望）

メニュー例	●パスタコース…2480円 ●お子様セット…1490円

レストラン	MAP⑳

コーン？それともカップ？
あま～いアイスの専門店

アイスクリームコーン

ショーケースに並んでいるのは8種のアイス。迷ったらナッツが贅沢に詰まったアーモンドクランチを選んでね。ボリュームあるサンデーも絶品だよ。（石川県／36歳／富士山）

メニュー例	●アイスクリーム＆フローズンデザート各種 　シングル…340円 　ダブル…440円

 パークに来たら「スウィートハート・カフェ」で朝ごはんをゲットするのがいつものコース。もちろんテイクアウトしてアトラクションの待ち時間にガブリ。（埼玉県／18歳／学生）

ディズニーランド

レストラン MAP㉓

3種のソースから選べる
ミッキーシェイプのワッフル

グレートアメリカン・ワッフルカンパニー

「ボリューム満点で食事代わりにも便利」

約3cmの厚みがあるボリューミーなワッフルは甘い物好きにはたまりません。定番の3つのソースのほかに期間限定の味があるときは必ずチェック。カップ入りのプチワッフルもあって食べ歩きに◎。（東京都／19歳／リン）

メニュー例	●ミッキーワッフル　メイプルソース…450円 ●ミッキーワッフル　ストロベリー＆カスタードソース…490円 ●ミッキーワッフル　チョコレートソース…450円

レストラン MAP⑱

定番洋食メニューが揃う
ファミリーレストラン

センターストリート・コーヒーハウス

朝食をゆったり食べられる数少ないお店のひとつ。ミッキー＆ミニー型の「フレンチトースト」がフワフワでいちおしなんです。朝食メニューは10時までだから注意して。（三重県／38歳／慶太郎）

メニュー例	●フレンチトースト(朝食メニュー)※…1080円　※季節によって実施しない日あり ●ハンバーグ、きのこデミグラスソース…1350円

レストラン MAP㉒

パーク開園からオープン
ホットドッグ専門店

リフレッシュメントコーナー

気になっていたコカ・コーラで煮た挽き肉がのった"プルドポーク＆ソーセージのホットドッグ"を頂きました。しっかりとした甘みでおいしい。リピ確実。（東京都／32歳／ピー）

メニュー例	●チーズドッグ…セット840円　単品460円 ●プルドポーク＆ソーセージのホットドッグ…セット1000円、単品620円

ちょい足し情報＋　「センターストリート・コーヒーハウス」は閉園時間までオープンしていることが多いよ。閉園間際に行っても入店できたので時間をフル活用したい人にもってこい。（埼玉県／30歳／ハーブ）

屋外パレード
東京ディズニーランド・エレクトリカルパレード・ドリームライツ

DATA1	
FP ファストパス	×
SR シングルライダー	×
身長制限	―
だっこOKか	○
平日待ち時間	―
休日待ち時間	―

とってもロマンチック! 夜を彩る光のパレード

攻略 ムーディーな夜のパレード! リニューアルで新フロート登場も

100万個ものライトが生み出す光が幻想的な夜のパレード。たびたびリニューアルしていて、2017年にはアナ雪のフロートが登場したんだ。『小さな世界』などのBGMも◎。(鳥取県／24歳／あいこ)

攻略 雨の日限定のミニパレード「ナイトフォール・グロウ」も必見

万が一、雨だったら、雨の日にしか見られないナイトフォール・グロウというミニパレードを楽しもう。しずくがモチーフになったキャラの衣装はこのパレードでしか見れないレアものだよ!(福島県／44歳／長谷川)

ココをCHECK！

① 変身するジーニー
蒼く輝くジーニーに注目! 他のキャラに変身する瞬間を見逃さないで!

② 時計台のプリンス
吊り橋を走り抜けるときのスピードがすごい。落とされそうになることも。

③ クライマックス
『小さな世界』が流れる中、光が消えては一斉に点灯する瞬間に感動。

110　DATA2　★場所／パークワイド　★所要時間／約45分　★注意／ショー内容や開催時刻は変更になる場合あり。雨天時限定の「ナイトフォール・グロウ」は、悪天候の場合は中止になる場合あり。シートを広げての場所取りは開始1時間前から。

ディズニーランド

Q 彼と2人でロマンチックに鑑賞するには？

デート

視界にシンデレラ城が見えるプラザがベスト

ロマンチックにパレードを見るなら、シンデレラ城が視界に入るプラザ周辺のベンチに座って。色とりどりに光り輝くフロートが通過する背景にシンデレラ城が見えるよ！（徳島県／19歳／マリー）

Q フロートの全体を見るのにおすすめの場所は？

デート

ビックサンダー・マウンテン手前の広場がグッド！

そこそこ近くで見られて、フロート全体が分かりやすいのは、ビックサンダー・マウンテンに向かう手前の広場。正面も側面も見える、カーブの外側のポジションを確保して。（和歌山県／24歳／みさと）

Q パレードから花火まで見られるところはある？

まったり派

トゥモローランド・テラスのテラス席で食事と一緒に

軽食を売っている「トゥモローランド・テラス」のパレードルート側のテラス席を確保。夕食を食べながらしっかりパレードを見られる。座ったままで花火も見られる。（栃木県／22歳／みつお）

光るグッズを手に入れていざナイトパレードへ

 SHOP パレード開始前に登場する移動式ワゴン

パレードにちなんだキラキラ光るグッズを販売しているワゴンは、"もうひとつのエレクトリカルパレード"と呼ばれてひそかに人気。光アイテムが作り出す幻想的な光に癒されるよ。ときどき登場するよ。（大分県／30歳／チェリー）

ちょい足し情報 ナイトフォール・グロウは通常のパレードとは逆回り。トゥーンタウンから出発して、プラザを回り、ファンタジーランドへ向かうよ。出発地点で見たい人は要注意。（山梨県／35歳／ひな）

Column
お姫さまに変身できる！ ビビディ・バビディ・ブティック

ブティックがあるのはランドのパークの中とディズニーランドホテル内の2か所

　キレイなドレスを着てパーク内を歩いてみたい…そんな希望を叶えてくれるビューティサロン。ディズニーランドホテル内と、ランドのワールドバザールの中に店舗がある。

　このサロンの売りは、ディズニープリンセスのようなお姫さまに変身させてくれること。美しいドレスが着られたり、本格的なヘアスタイルやメイクを施してくれるのだ。変身スタイルは6タイプの中からチョイス。ドレス付き、ヘアメイク＆メイクアップのみ、写真撮影付きと、必要に応じてプランを選べるが、店舗によって扱うプランが違うから注意が必要だ。さらに、予約がとりにくいことでも有名で、予約開始直後に満席になることがたびたび起きる。しかしキャンセル待ちで成功した例もよくあるので、あきらめずにチャレンジしよう。

　残念ながら対象は3歳から小学生の女の子のみなので大人は利用できないが、ファミリーで訪れる際はぜひ利用してみて欲しい。きっと、さらに夢のような時間がすごせ、思い出に残るに違いない。

東京ディズニーランドホテルの体験コース

キャッスルコース
セット内容
- ドレス＆シューズ
- 顔のメイクアップ
- ヘアセット、マニキュア
- 写真撮影（プリンセスフォト）

キャリッジコース
セット内容
- ドレス＆シューズ
- 顔のメイクアップ
- ヘアセット
- マニキュア

クラウンコース
セット内容
- ヘアセット
- 顔のメイクアップ
- マニキュア

東京ディズニーランド・ワールドバザールの体験コース

キングダムコース（パークフォト付き）
セット内容
- ドレス＆シューズ
- 顔のメイクアップ
- ヘアセット、マニキュア
- 写真撮影（プリンセスフォト、ファミリーフォト、パークフォト）

キングダムコース
セット内容
- ドレス＆シューズ
- 顔のメイクアップ
- ヘアセット、マニキュア
- 写真撮影（プリンセスフォト、ファミリーフォト）

キャッスルコース（パークフォト付き）
セット内容
- ドレス＆シューズ
- 顔のメイクアップ
- ヘアセット、マニキュア
- 写真撮影（プリンセスフォト、パークフォト）

キャッスルコース
セット内容
- ドレス＆シューズ
- 顔のメイクアップ
- ヘアセット、マニキュア
- 写真撮影（プリンセスフォト）

キャリッジコース
セット内容
- ドレス＆シューズ
- 顔のメイクアップ
- ヘアセット
- マニキュア

ちょい足し情報 ➕ どちらかというとパークの方が予約とりやすいみたい。ドレスなしのコースはホテルの方にしかないから、すでにドレス持ちの人はこっちを利用するんだね。（千葉県／30歳／えりママ）

東京ディズニーシー情報

アトラクションに乗りまくるコース

9:45

タートル・トーク

朝イチでトイマニかタワテラのFPを取ったら、空いているうちに近くのタートル・トークへ。クラッシュとのトークで気分を上げよう！（埼玉県／36歳／すま）

11:15

カスバ・フードコートで早めのランチ

この店は席数が多くて回転が早いのに、しっかりごはんが食べられるからイチオシ。本格スパイシーカレーは元気が出るよ。（富山県／45歳／ミカ）

13:00

トランジットスチーマーラインでメディテレーニアンハーバーへ

ロストリバーデルタとハーバーの間の移動は、スチーマーラインが◎。乗りながら移動できて楽だよ。（山口県／47歳／雑貨好き♪）

センター・オブ・ジ・アースの **FP** をゲット
`16時台`

8:00

OPEN

トイ・ストーリー・マニア！の **FP** をゲット
`17時台`

インディ・ジョーンズ・アドベンチャーの **FP** をゲット
`20時台`

15:15

タワー・オブ・テラー

明るい時間のスタンバイならランチタイム後半の、比較的混雑度が低い時間に並ぶのがおすすめ。最上階からは一瞬だけどシー全体の眺めが楽しめる。（千葉県／31歳／隆）

`スタンバイ`

10:45

フォートレス・エクスプロレーション

次のFP取得までのすきま時間は並ばなくてすむアトラクションへ。フォートレスは自分で装置を動かしたりできるので大人でも楽しい！（栃木県／22歳／まあや）

12:15

ジャスミンのフライングカーペット

午後に混雑するこのアトラクションは、早めの時間にクリア。アラビアンコーストの美しい眺めを一望しよう。（福島県／17歳／mary）

ちょい足し情報＋ 毎年冬に行われる「タワー・オブ・テラー：Level13」は、通常のものより恐いよ。上がったり落ちたりする回数が増えるんだ。絶叫好きにはたまらない！（滋賀県／32歳／ほっ時計）

ディズニーシー

攻略メモ

1 FPの朝イチ取得は必須。時間を確認して、1日のうちできるだけFPをゲット。

2 奥の方のエリアへの移動はアトラクションで。時間短縮＆満足度UP効果アリ。

3 アトラクションの混雑度が低くなるランチタイムを狙ってスタンバイ。

17:30 トイ・ストーリー・マニア!

超人気で、スタンバイでは空いている日でも100分越えが当たり前。FPは10時台にはなくなってしまうので、朝イチ取得が鉄則です。(東京都／21歳／モカ)

FP使用

エンポーリオでお土産選び

18:00 エレクトリックレールウェイでポートディスカバリーへ

私はよく移動に使います。景色が最もキレイな夕暮れに乗るのがおすすめ。移動しながら、ほんのひととき疲れを癒して。(山形県／38歳／美羽)

20:15 インディ・ジョーンズ・アドベンチャー

エリアが奥の方なのもあって、夜のショーの時間中は空いている。FPを使えばあっという間に乗れちゃうよ。(高知県／41歳／鰹好き)

FP使用

CLOSE

19:00 ホライズンベイ・レストランでディナー

キャラクターダイニング終了後もレストラン自体は営業していますよ。混雑度は低くなるから、意外と穴場なんです。(神奈川県／29歳／海遊び)

16:00 センター・オブ・ジ・アース

午前中でFPがなくなることが多いから、FPは早めに確保した方がいい。屋内でスタンバイできるから、雨の日は特に混雑。(長野県／23歳／唐辛子)

FP使用

21:00 マーメイドラグーンシアター

リニューアル後、まだ未体験の人は、ぜひ押さえておきたいところ。子ども向けのエリアで、夜遅くは空くので、閉園前を狙ってみて。(群馬県／22歳／だるまー)

スタンバイ

ちょい足し情報 ＋ 「インディ・ジョーンズ・アドベンチャー」も人気だから、FPは午前中にはなくなっちゃうよ。スタンバイで長時間並ぶのが嫌なら、早めにとっておくべし。(東京都／35歳／ミノリ)

115

ショーをガッツリ楽しむコース

8:00 OPEN

9:00 マーメイドラグーンシアター
海底王宮で行われるアリエルのショーはぜひ朝イチで。オープン30分以内に並べば、待ち時間は15分程度で済むことが多いよ。(神奈川県／50歳／ひとみ)
スタンバイ

10:00 マジックランプシアター
このアトラクションが混雑するのは午後。朝は空いていることが多いから、午前中に乗るなら、FPの取得はスタンバイの様子を見て決めよう。(熊本県／26歳／柚子)
スタンバイ

10:45 マンマ・ビスコッティーズ・ベーカリーでランチを買い出し
開園からオープン。午前中にここで買ってベンチでブランチするのが私流。お昼の時間も有効に使えますよ。(千葉県／33歳／カモシカ)

11:30 ビッグバンドビート
2016年にリニューアルしたビッグバンドビートをいい席で確実に見たいなら、抽選のない回を選んで。スケジュールは公式HPで確認。(秋田県／30歳／BT)

13:00 ウォーターフロントパークへシェリーメイを訪問
人混みに疲れたらウォーターフロントパークへ。公園でのんびりしてシェリーメイのグリに並ぼう。(茨城県／28歳／みたま)

インディ・ジョーンズ・アドベンチャーの**FP**をゲット
21時台

14:30 アウト・オブ・シャドウランド
このライブパフォーマンスはかなり本格派。ショー好きにもかなり好評価でリピーターも多いのだとか。ショーが始まる時間を事前に確認して並ぼう。(広島県／22歳／典子)

 ビッグバンドビートは2階席ならどの回も抽選がない。ただ座席数が少ないから早めに並んだ方がいいね。ステージが見えにくいから気をつけてね。(岡山県／16歳／きびだんご)

ディズニーシー

攻略メモ

1 抽選のあるショーを見逃したくない場合は、できるだけ抽選のない回を選ぶ。

2 食事をしながらショーも同時に楽しめるレストランを利用して、時間の有効活用を。

3 いい席でショーを見るなら、座席が確保されるバケーションパッケージを活用。

17:30 タートル・トーク

クラッシュのユニークな"トークショー"が楽しめる。手軽にショー気分を味わいたい人にはピッタリだね。(山梨県／37歳／モモミ)

20:00 ファンタズミック!

眺め重視ならカフェ・ポルトフィーノ前。ただし早くから場所取りが必要。雰囲気だけでいいなら、フォートレス・エクスプロレーションで見るのも◎。(東京都／17歳／パール)

19:30 ヴィレッジ・グリーティングプレイスでダッフィーに会う

ダッフィーのグリーティングは、シーに来たら外せない。昼間は混雑しているこのキャラグリも19時頃には空いてくるから狙い目よ。(和歌山県／41歳／真理子)

CLOSE

16:00 マイ・フレンド・ダッフィーを見ながら早めのディナー

ダッフィーのショーを見ながら、早めのディナーが◎。夕方なら空いているよ。ただし17時で終わることが多いからご注意を。(愛知県／44歳／マール)

21:15 インディ・ジョーンズ・アドベンチャー

TDSの人気アトラクションのベスト3に入るから、FPの取得は昼イチくらいが限度かな。確実に取りたいなら午前中に取っておくべき。(群馬県／49歳／温泉好き)

20:45 シンドバッド・ストーリーブック・ヴォヤッジ

いつ行ってもすぐ乗れるし、乗車時間が長いから休憩がてら利用しているよ。ちょっとした空き時間を埋めるのにいいよ。(宮城県／23歳／笹かま)

FP使用

ちょい足し情報 宿泊とチケットがセットになった「バケーションパッケージ」にはショーの座席を用意してくれるプランも。人気のハーバーショーを超良席で見られて大満足。(沖縄県／24歳／碧の海)

パークの雰囲気を味わうコース

8:30

ヴェネツィアン・ゴンドラ

乗るなら朝イチがベスト。10時頃から混み出すし、ハーバーショー前後は運休。意外と時間が限られるからタイミングを逃さないで。(神奈川県／34歳／浜っ子)

9:45

ウォーターフロントパークでシェリーメイに会う

シェリーメイのグリーティングは時間に注意。途中何度か休憩が入り、16時頃までで終了するよ。公式HPでスケジュールの確認必須! (佐賀県／26歳／少佐)

12:00

トランジットスチーマーラインでロストリバーデルタへ

移動も兼ねてのんびり船旅。アメリカンウォーターフロントからポートディスカバリーの眺めが特におもしろい。(石川県／50歳／良)

8:00

OPEN

タワー・オブ・テラーの **FP** をゲット

17時台

ロストリバーデルタを散策しながらアラビアンコーストへ

13:00

キャラバンカルーセル

アラビア風のドームが目印のカルーセル。おすすめは眺めのよい2階席。雨の日はキャラグリで、キャラが乗っていることがまれにあるみたい。(埼玉県／30歳／ちゃあ〜)

10:30

リストランテ・ディ・カナレットで早めのランチ

ゴンドラを見ながら食事ができると人気。予約なしのランチは、長時間待ち必至なので、できるだけPSで事前予約をしておくべし。(茨城県／45歳／電撃マン)

PSで事前予約

14:30

アラビアンコーストでキャラクターグリーティング

ここは整列グリーティング。登場するキャラは日によって違うけど、映画『アラジン』のキャラやスティッチに会えるらしい。(千葉県／15歳／aki)

ちょい足し情報 「ヴェネツィアン・ゴンドラ」は夕暮れどきがロマンチックでグッド。夜のハーバーショーの2時間前くらいに運休になるから、タイミングに気をつけてね。(島根県／38歳／桃の木)

ディズニーシー

攻略メモ

1 パークの醍醐味が味わえるキャラクターグリーティングで気分を上げる。

2 メディテレーニアンハーバーの景色をのんびり楽しめるアトラクションに乗る。

3 お酒も飲めるラウンジで、ティータイムやバータイムをゆったり楽しむ。

17:45

タワー・オブ・テラー

一瞬だけど、暗くなってからの最上階からの眺めがロマンティック。混雑ピークの夕方に乗るならFPは忘れずに。(福島県／23歳／みっきー LOVE)

FP使用

16:30

メディテレーニアンハーバーでお買い物

美しいハーバーの景色を眺めながら散策＆ウィンドウショッピングがおすすめ。行くならお店が混雑していない夕方がベスト。(青森県／28歳／りんごちゃん)

20:00

ファンタズミック!

雰囲気を楽しむだけならミステリアス・アイランドの入口あたりで見ると、混雑が少ないのでいいよ。ただしショーの裏側になるので要注意。(大分県／29歳／ふむ)

CLOSE

18:15

S.S. コロンビア・ダイニングルームでディナー

ちょっと値は張るけど、豪華客船の中で味わうディナーコースは格別ですよ。混雑時は2時間待ちなんてざらなので、PSの事前予約は必須です。(兵庫県／35歳／メロディ)

PSで事前予約

21:00

エレクトリックレールウェイ

私は乗るなら断然夜。きらめくハーバーやアメリカンウォーターフロントの夜景がステキなんだ。1日の締めくくりにピッタリ。(栃木県／33歳／呉おぱ虎)

15:30

マゼランズ・ラウンジで休憩

マゼランズやS.S.コロンビア号のラウンジは休憩に◎。ふかふかの椅子もあってくつろげるし、昼間はさほど混雑していないしね。(東京都／43歳／にの)

ちょい足し情報 ➕ 「ヴィラ・ドナルド・ホームショップ」は料理好きにおすすめ。おたまやしゃもじなどのディズニーデザインのキッチングッズがてんこもり。(東京都／34歳／まさ)

ミラコスタにも泊まるコース

8:00 トイ・ストーリー・マニア!
「ハッピー15エントリー」で入れば、開園前に利用できるからすぐに乗れるよ。インパしたらすぐにスタンバイ列に並ぼう。(新潟県／36歳／大酒呑み梅子)
スタンバイ

7:45 ハッピー15エントリーで早めインパ

タワー・オブ・テラーの FP をゲット 10時台

8:55 ヴィレッジ・グリーティングプレイスでダッフィーに会う
PSがないから長時間並ぶのは覚悟して。9〜10時台が1日で一番混む時間帯だから、朝狙いなら8時台に並ぼう。(愛知県／22歳／直美)

10:15 タワー・オブ・テラー
午前も午後も混雑するアトラクションだけど、若干午前中の方がマシかな。FPを取って、朝早めに乗るのがスムーズだね。(千葉県／17歳／のあ)
FP使用

12:00 ミッキー&フレンズ・グリーティングトレイルでミッキーに会う
ミッキー・ミニー・グーフィーに確実に会いたいならココへ。ミッキーが一番人気。昼と夜の待ち時間の長さはあまり変わらないね。(青森県／24歳／猫好き)

インディ・ジョーンズ・アドベンチャーの FP をゲット 16時台

12:30 セバスチャンのカリプソキッチンでランチ
キュートな海底レストランでいただけるのはバーガーやピザ。子ども向けのお店でお酒はないから、"休憩がてら1杯"って人は厳しいね。(新潟県／42歳／ワイン万歳)

10:45 エレクトリックレールウェイでポートディスカバリーへ
アメリカンウォーターフロントからポートディスカバリーへの移動はこれが便利。高台を走る列車から見る眺めはグー!(長崎県／46歳／町)

 ミッキーのキャラグリは、奥の方のエリアにあるせいかそんなに混まない。ただし11月18日のミッキーの誕生日だけは別。いつもの倍の待ち時間になるよ。(埼玉県／25歳／ルー)

ディズニーシー

攻略メモ

1 ホテルはハーバービュータイプの部屋に宿泊して、ハーバーショーは部屋で鑑賞。

2 FPやショーのすきま時間に、ホテルの部屋で休憩して疲れをいやす。

3 おみやげはホテル内のショップで、空き時間や閉園後にゆったり購入。

15:15
ミッキランジェロ・ギフトでお買い物
ホテルのショップなので、混雑しないから、のんびり買い物できるよ。次のFPまでの空いた時間に利用すれば、時間も有効に使えるね。(山梨県／26歳／ひわ)

マーメイドラグーンシアターの **FP** をゲット
17時台

16:30
インディ・ジョーンズ・アドベンチャー
夕方から夜のインディ・ジョーンズは、不気味さUPで秘境ムード満点。夕方早めは混雑する時間だからFPが必須だよ。(富山県／19歳／UN)

FP使用

17:15
マーメイドラグーンシアター
アリエルの歌声が聴ける貴重なショーアトラクション。このFPは午後まで残っていることが多いから、他のFPを取ってからでも間に合う可能性大。(群馬県／25歳／桜)

FP使用

行動終了

18:00
マゼランズでディナー
コースが楽しめるパーク1の高級レストラン。ぜひPSで予約を。ワインセラーの部屋で食事をしたいなら、当日キャストに頼めば、叶えてくれる可能性あり。(愛知県／50歳／YUO)

PSで事前予約

20:00
ファンタズミック!を部屋で見る
「ピアッツァグランドビュー」タイプの部屋でも夜ショーが見えるよ。くつろぎながら部屋でショーを鑑賞できるのがミラコスタの醍醐味!(東京都／39歳／悟)

14:30
ハーバーショーを部屋で見る
ミラコスタのお部屋でハーバーショーを見たいなら、「ハーバービュー」の部屋を選んで。人気のタイプだから、予約受付開始と同時に予約してね。(鹿児島県／44歳／デイジー)

ちょい足し情報 「ファンタズミック!」はミラコスタのレストランで見る手も。「ベッラヴィスタ・ラウンジ」はテラスはないけど、窓際なら座ってショーが鑑賞できる。(大阪府／31歳／たこ焼き命)

屋内アトラクション　MAP ⑥

トイ・ストーリー・マニア！

	DATA1
FP ファストパス	○
SR シングルライダー	×
身長制限	—
だっこOKか	×
平日待ち時間	約130分
休日待ち時間	約140〜200分

にぎやか好き アクティブ派

飛び出す的を狙って5種類のシューティングライド

攻略 FP取得は最難関！確実に乗りたいなら朝イチでのインパが必須

開園後1時間以内でFPの発券が終了する人気ぶり。必ず乗りたいなら朝イチに入園を。混雑時期には2時間前には入園口に並ぼう。チケットブースより前の位置を確保できればOK。（宮城県／29歳／佐藤）

攻略 できればハッピー15エントリーで早めにインパしてスタンバイ

朝イチでインパしても、パークの入口の位置取り次第でFPが取れないことも。より確実なのは、ディズニーホテルに宿泊して15分前に入園かな。開園時間前にスタンバイに並べるよ。（和歌山県／25歳／ダックスフンド）

ココをCHECK！

① エントランス
入口は高さ8mのウッディの顔！人が多いので、記念撮影はスピーディに。

② アンディの部屋
映画に登場するおもちゃがいっぱい。壁にはミッキーの腕時計が！

③ トラムに乗車
3Dめがねを装着し、シューターを握ろう。まずは練習からスタート。

DATA2　★形式／ライドタイプ　★定員／12名(1列につき大人2名、幼児1名まで)　★所要時間／約5分　★注意／乗り物にひとりで座って安定した姿勢を保てない方は利用不可。子どもをひざに乗せた状態では利用不可。乗車中の撮影不可。

ディズニーシー

Q とにかく長〜いスタンバイ時間をより楽しむには？

展示はもちろんアナウンスにもお楽しみが

たくさんのおもちゃを見ていると飽きないよ。あとは音にも注意して。例えば、トラム乗車前のアナウンスはポテトヘッドの声！「らしい」ので笑っちゃう。（愛知県／40歳／さとみ）

Q どうやったら高得点を出せる？ゲームのコツを知りたい！

前半狙い撃ち、後半連打 高得点の的を狙え！

ステージ3なら、前半は500点以上の的を狙い撃ち。リトルグリーンメンは手前でなく中央を狙って。後半は高得点の的が多く出るので連射。画面の端や上下、遠方に出やすいよ。（埼玉県／46歳／パパ）

Q FPで入るまでに少し時間が。過ごせる場所はある？

トイビル・トロリーパークで遊んで待つ

あの辺りだと、ミスターポテトヘッドの愉快なショーやミニゲーム、おもしろミラーなどでまったり遊べるよ。トイ・ストーリーのキャラクターも多いので、予習になるかも？（福島県／41歳／のんたん）

スリンキー・ドッグが目印のトイ・ストーリーの店

SHOP スリンキー・ドッグのギフトトロリー

『トイ・ストーリー』のグッズがたくさん！ トロリーなのでお店は小さいのに、ストラップやステーショナリー、洋服まで売ってて、いつも人がいっぱい。人気のお店だよ。（京都府／30歳／いちご）

DATA トイ・ストーリーキャラのファンキャップ　など

ちょい足し情報＋ どうしても高得点を出したいなら、2人より1人で乗ろう。シューターは2本あるけど画面は共有になるので、1人で乗ると独り占めできる。（石川県／30歳／みな子）

屋内アトラクション　MAP ⑤

タワー・オブ・テラー

	DATA1
FP ファストパス	○
SR シングルライダー	×
身長制限	102cm以上OK
だっこOKか	×
平日待ち時間	約90分
休日待ち時間	約100〜170分

急上昇＆急降下で絶叫必至！閉鎖ホテルで恐怖体験

攻略 エレベーターがいつ落ちるのかわからない…そのスリルが最高！

呪われたホテルのエレベーターに乗り込むと、突然ハイスピードで急上昇＆急降下。あまりにランダムで予測不可能。突然の急降下にはおしりがふわっと浮くほど。スリル満点！(北海道／33歳／まいちゅー)

攻略 キャストにリクエストしていい座席をゲットしよう！

席はリクエスト可のことも。背の低い人や、写真を買うと決めている人は写真写りのよい1列目、3人組は3人席がおすすめ。でも、1番スリルがあるのは最後列の真ん中だよ！(神奈川県／27歳／ミニーママ)

ココをCHECK！

① 天井の壁画
絵や鎧などの展示品のほか、ホテルのロビーの天井にも奇妙な壁画が。

② 落下直前のビュー
エレベーターの落下直前、一瞬見えるシーの景色は必見。夜も美しい。

③ 1回目の最恐落下
最初は38mのフリーフォール！落下は1回では終わらず、また急上昇！

DATA2　★形式／ライドタイプ　★定員／22名　★所要時間／約2分　★注意／アトラクションの利用により悪化するおそれのある症状を持つ方、妊娠中・高齢の方は利用不可。乗車中の撮影不可。

ディズニーシー

アメリカンウォーターフロント

Q ライド中の写真撮影 カメラはどこにある?

アクティブ派

タワー最上階の景色が見える窓に注意

エレベーターが最上階に到着したときに注意。シーの景色が一望できる窓の上にカメラがあるよ。急降下する直前にフラッシュがたかれて写真が撮られるんだ。(三重県／19歳／タツノオトシゴ)

Q 期間限定の特別プログラムは普通のときとどう違うの?

アクティブ派

落下回数が倍に増えて恐さがパワーアップ!

普段は落下3回で、3つのエレベーターでパターンが違う程度。でも、冬限定の「Level 13」では7回も落下して、火花やきしむ音まで…。あまりの恐怖に思い出すと涙目。(新潟県／38歳／ゆりゆき)

Q キャストによる裏ツアーがあるってホント?

デート

乗りたくない人向け施設案内ツアー

建物の中を詳しくガイドする「裏ツアー」があるよ。キャストに声をかければ、空いている時間にツアーしてくれる。ただし案内してくれるかは状況次第なので注意。(香川県／34歳／魔法使い)

タワー・オブ・テラーオリジナルのグッズが揃う

SHOP タワー・オブ・テラー・メモラビリア MAP 19

絶叫中の記念写真が買えるよ。アトラクション出口にあるカウンターで受付。アトラクションにちなんだグッズも売っていて、建物型のナノブロックはお土産にグー。(大分県／20歳／なっちゃん)

DATA タワー・オブ・テラーのナノブロック、Tシャツ など

ちょい足し情報＋ 「タワー・オブ・テラー・メモラビリア」で乗車中の写真が購入できるけど、自宅のPCからも買えるんだ。フォトキーカードをもらうのを忘れずに。(栃木県／45歳／ありおり)

屋内アトラクション　MAP❽

タートル・トーク

	DATA1
FP ファストパス	×
SR シングルライダー	×
身長制限	—
だっこOKか	○
平日待ち時間	約40分
休日待ち時間	約50〜80分

 子連れ　 にぎやか好き

海底展望室でウミガメのクラッシュとトーク！

攻略　質問される確率がUPするのは内側通路側の席！

クラッシュに話しかけられたいなら、内側通路側のシートを確保するべし。キャストがマイクを渡しやすいからね。さらに派手な帽子やメガネ、マフラーを身に着けると効果大。（東京都／23歳／刺繍が趣味）

Q 子どもと一緒だとどこの席に座るといいんですか？

 子連れ

座席が低い前方のキッズ席！

混雑状況にもよるけど、だいたい前の2列がキッズベンチ。すごく見やすいのでココに座るべき。付き添いの親も混んでいなければ一緒に座れるので安心して楽しめます。大声を出して盛り上がりましょう。（青森県／47歳／パーク歴40年）

ココをCHECK！

❶ スタンバイ中
室内の壁に飾られたS.S.コロンビア号の絵に休憩中のグーフィーを発見！

❷ クラッシュ登場
「質問がある人？」と言われたら手を真っ直ぐのばしてアピールして！

❸ ストーリー途中
バズライトイヤーのおもちゃが出てくることもあるので見逃さないで！

DATA2　★形式／シアタータイプ　★定員／238名　★所要時間／約30分
★注意／フラッシュ撮影、液晶画面を使用しての撮影不可。

ディズニーシー

MAP ⑨

屋内キャラクターグリーティング

ヴィレッジ・グリーティングプレイス

	DATA1
FP ファストパス	×
SR シングルライダー	×
身長制限	ー
だっこOKか	○
平日待ち時間	約50分
休日待ち時間	約70〜120分

ダッフィーと写真撮影できる貴重なスポット

攻略 混雑度がDOWNする夕方から夜を狙え!

120分待ちになることもあるほど大人気。比較的夕方あたりから空きはじめるので暗くなってから行くと◎。混雑状況により早めに受付終了することもあるから注意。(群馬県／25歳／クマ大好き)

Q ダッフィーはどんなコスチュームを身に着けている?

シーズンごとに衣装が変わる!

基本はセーラーカラーを身に着けたダッフィー。スウィート・ダッフィーやイースター、ハロウィン、クリスマスと衣装をチェンジします。スウィート・ダッフィーではパティシエ姿のダッフィーが見られたこともありました。(東京都／23歳／かよ)

ココをCHECK！

① スタンバイ中
ダッフィーの写真や世界地図などおもしろい展示物を楽しめる。

② いよいよご対面
誕生日だと言えば特別に浮き輪のプレートを持って記念撮影できる!

③ 撮影後にチェック
よく撮れていたらカメラマンによるプロ写真を購入して思い出に!

DATA2 ★定員／なし ★実施時間／開園〜 ★注意／キャラクターによるサインは提供なし。一緒に体験する人全員そろって入口へ。整理券を配布。手持ちのカメラでの撮影は、1グループにつき1枚のみ。

127

屋内ショー　MAP32

マイ・フレンド・ダッフィー

DATA1	
FP ファストパス	×
SR シングルライダー	×
身長制限	—
だっこOKか	○
平日待ち時間	約50分
休日待ち時間	約60〜100分

 まったり派　 子連れ

食事とダッフィーショーが楽しめるレストラン

攻略 前の席でショーを観たいなら開園とともに直行するのがオススメ

みんながFP取りに必死な開園直後に直行すると、キャラに近い最前列センター席がゲットできるかも？　または食事時間を外した15時のティータイムが狙い目。
（神奈川県／22歳／メイ）

攻略 見やすい席をゲットするならバケーションパッケージで予約!

宿泊と入園チケット、FPがセットになった「バケーションパッケージ」には、特典でレストランの席付きがあることも。バケパを使えば、見やすい席とおみやげ付きランチが確保できちゃう。（愛知県／38歳／彩）

ココをCHECK!

1 シェリーメイ誕生編
いつもはしゃべらないシェリーメイの「声」を聞くことができる!

2 ジェラトーニが特技を披露
ジェラトーニの描く絵がとってもクオリティーが高いので必見!

3 ティッピーブルー
ティッピーはショーだけのオリジナルキャラクター!　グッズもチェック。

DATA2　★形式／ステージショー　★所要時間／連続公演で1ストーリーにつき約10分（間に5分休憩あり）
★注意／状況により利用制限等の可能性あり。公演中の席の移動不可。席の希望は受付不可。

ディズニーシー

Q ショーの最中の写真撮影のベストポジションは?

まったり派

ステージに向かって中央から左側が◎

撮影はOKだけど上演中の移動は×。後ろの席だと撮影に苦労します。真ん中がベストだけど、ステージに向かって左前も、キャラの登場口で滞在時間が長めで撮りやすい。(東京都／25歳／ほや)

Q ショー中のキャラを上手に撮影する方法を教えて!

まったり派

顔をアップめに撮影してかわいさを強調!

上手に撮るコツを教えるね。キャラの目にピントを合わせて、アップめに撮るとキュートだよ。ダッフィーは顔が小さいから、顔ごとピントを合わせた方がいいかな。(愛媛県／16歳／いよかん)

Q ダッフィーファンじゃないと見てもつまらない?

子連れ

ミキミニドナファンこそ見るべし

ドナルド、ミッキー、ミニーも見られるからきっと楽しめるよ。ちなみに前はデイジーも出ていたけど、2017年にリニューアルしてからは登場しなくなったよ。(大阪府／40歳／ゆう)

ダッフィーの顔型のスイーツをパクリっ!

RESTAURANT ケープコッド・コンフェクション **MAP⑭**

隣にあるテイクアウトショップで、限定スイーツをゲットしよう。ピンク色のオムレットロールとダッフィーの足型付きのダックワーズがセットで味わえちゃいます。(北海道／40歳／キキ)

DATA オムレットロール&ダックワーズ…460円 など

ちょい足し情報+ 公演中は、ショー鑑賞と写真撮影に夢中で食事がストップしがち。滞在時間に制限(約45分間)があることを忘れないで。幕間の5分休憩の間に食べ進めよう!(愛媛県／27歳／かい)

アメリカンウォーターフロント / メディテレーニアンハーバー / ポートディスカバリー / ロストリバーデルタ / アラビアンコースト / マーメイドラグーン / ミステリアスアイランド

屋内ショー　MAP ㉛

ビッグバンドビート

DATA1	
FP ファストパス	×
SR シングルライダー	×
身長制限	―
だっこOKか	○
平日待ち時間	座席指定券が必要な場合あり
休日待ち時間	

ミッキーやミニーも登場！パワーUPしたレビューショー

デート　雰囲気重視

攻略 公演1回目以外の1階席は抽選による座席指定券が必要な場合が多い！

運営状況にもよるがだいたいの日で座席指定券が必要。スマホのアプリかビリエッテリーアで抽選にチャレンジできる。当選確率を上げたいなら一番最後の公演を狙うといいかも。(長野県／19歳／KK)

Q 抽選だと当たらないかも…確実に見るにはどうすれば？

雰囲気重視　**公演1回目を朝イチで並ぶ！**

抽選の必要がない公演1回目を狙うか、全て自由席の2階席を狙うかだね。2016年のリニューアル後の混雑は緩和しつつあるけどまだまだ人気の高いショーだから、早めに並ぼう。(山口県／26歳／スノボーダー)

ココをCHECK！

1 ショーがスタート
グーフィーも指揮棒をもって登場。バンドによる本格的な演奏を操る!?

2 ファンが多い場面
ミッキーの華麗なタップダンスシーン＆ドラムセッションにキュンキュン。

3 フィナーレ
ゲストも手拍子で参加できるシーンも！キャラクターたちも全員集合！

DATA2　★形式／ステージショー　★公演場所／ブロードウェイ・ミュージックシアター　★公演回数／1日5～6回予定　★上演時間／約30分
★注意／写真ビデオ撮影不可。鑑賞する方全員で来場。定員に達した場合、または開演時刻の5分前に入場締め切り。途中退場、立見不可。

ディズニーシー

屋外アトラクション　MAP 7

ビッグシティ・ヴィークル

7車種、計8台ある　クラッシックカーでドライブ

DATA1		
身長制限	だっこOKか	待ち時間
―	○	約0〜20分

以前はケープコッドまで移動できるルートもあったのですが、今はないので要注意です！　ニューヨークの街を周遊するコースでゆったりドライブを楽しめますよ。（岩手県／23歳／正美）

DATA2 ★形式／ライドタイプ　★定員／8〜9名（車種により異なる）　★所要時間／約10分　★注意／コースや停留所は変更になる場合あり。

レストラン　MAP 20

コスパ◎！ボリューム満点　ほくほく絶品ベイクドポテト

ハドソンリバー・ハーベスト

ピリッと辛いチキンとじゃがいもにまろやかなチーズソースがたっぷりかかったベイクドポテト。おなかにたまるし、お酒にもよく合うんです。うっかり飲みすぎた！（岐阜県／21歳／電車通）

メニュー例	●ブラックペッパーチキン&ベイクドポテトのチーズソース…500円 ●ミッキーカステラケーキ（ミルククリーム）…350円

▶ Column ◀
ウォーターフロントパークもチェック！

シェリーメイのキャラグリもココで水遊びできる夏のひんやりスポット

　アメリカンウォーターフロントエリア、ニューヨーク港近くにある公園が「ウォーターフロントパーク」だ。実はここはキャラグリスポットとして大人気。ダッフィーの女の子のお友達シェリーメイに会え、記念撮影できる。会える時間は休憩時間を挟んでいることが多いので前もって公式HPでチェックしておこう。

　公園内にはベンチも多数あり、少し休憩したいときにも便利。夏は地面から水がランダムに出る噴水で水遊びする子どもたちで賑わいを見せる。水遊びするときはかなりびしょ濡れになるので、子ども用の着替えとタオルはマストアイテムだ。噴水は夜になるとライトアップされ、昼とはまた違った幻想的な雰囲気になるのでカップルにもおすすめしたい。

ちょい足し情報 ＋　「ビッグシティ・ヴィークル」で乗ったポリスワゴン。鉄格子があり、囚人気分が味わえるのでおもしろかったです。もちろん悪いことはしてません！（山口県／21歳／紅茶派）

131

ショップ	MAP 17

ダッフィーグッズが揃う カントリー調のショップ

アーント・ペグズ・ヴィレッジストア

入口を入ると、大きなダッフィーやシェリーメイのぬいぐるみがお出迎え！ 一緒に写真を撮れば、プチキャラグリ気分を味わえちゃいます。（千葉県／29歳／プリティー）

便利グッズ	●傘　●レインポンチョ ●ベビーカー用レインカバー ●デジタルメディア　●かいろ ●ストッキング　など

ショップ	MAP 15

ダッフィーグッズの 品揃えピカイチの百貨店

マクダックス・デパートメントストア

ダッフィーグッズを買うなら一番チェックしたいお店。特にぬいぐるみの種類が豊富です。私はココでジェラトーニのぬいぐるみを買いました。新キャラのステラ・ルーのグッズもあるのでチェックして。自分へのプレゼントとおみやげが同時に購入できます。（三重県／25歳／チルチル）

ショップ	MAP 16

オズワルド・ザ・ ラッキー・ラビットも揃う アパレル店

スチームボート・ミッキーズ

大人気のオズワルド・ザ・ラッキー・ラビットのアイテムをゲットしたいならこの店をのぞくべし。キャップやバッジ、タオル…アパレルをメインに生活雑貨なども。（栃木県／18歳／健康第一）

便利グッズ	●切手　など

ショップ	MAP 18

すぐ使える小物をサッと 買えるニューススタンド

ニュージーズ・ノヴェルティ

キュートなキャップや防寒、日除けグッズなどを販売するワゴン。通りがけに身につけグッズをササッと見つけて買えるので時間を有効に使えてグッドです。（東京都／19歳／金平糖）

便利グッズ	●ポケットティッシュ ●かいろ　など

「マクダックス・デパートメントストア」は百貨店エリア、質屋エリア、問屋エリアに分かれています。それぞれ違った雰囲気が楽しめるし、品揃えも抜群。（山口県／16歳／学生）

ディズニーシー

レストラン MAP⑬
ダッフィーのショーを見られる ハンバーガーショップ

ケープコッド・クックオフ

ショー見物は入って右側で注文を

ダッフィーのショーが見たい場合は並ぶ列を間違えないように。左側は食事する人だけ、右側がショーを見る人専用のレジなの。注文を済ませたら劇場へ。混雑を避けたいなら15時頃を狙ってGO。
（山口県／23歳／キャッツアイ）

メニュー例	●コッドフィッシュバーガー…セット760円　単品380円 ●チーズバーガー…セット730円　単品350円 ●チキン竜田揚げバーガーセット…780円　単品400円

レストラン MAP⑩
S.S.コロンビア号の2階にあるムーディーなラウンジ

テディ・ルーズヴェルト・ラウンジ

お酒好きにすすめたい店第1位がココ。ビールやワイン、ウィスキーなどがズラリ。季節限定で登場するカクテルもあるのだとか。店内奥のソファ席が居心地よし。（東京都／30歳／炭酸娘）

メニュー例	●パストラミのグラハムサンドウィッチ、フライドポテト添え…1300円 ●季節のパフェ…単品1230円、コレクタブルグラス付き…2260円

レストラン MAP⑪
うどん、天麩羅… TDS内で唯一和食を食せるレストラン

レストラン櫻

ココは僕の行きつけ。理由は日本酒があるから。定番和食×日本酒が疲れた体を癒すんですよね。国産ワインや梅酒もあるのでお酒好き女子にもおすすめ。（千葉県／33歳／そうすけ）

メニュー例	●天麩羅膳…2040円 ●ステーキ重…2570円 ●チャーリー特製味噌クラムチャウダー…600円

ちょい足し情報 ➕ 「ケープコッド・クックオフ」はドリンク1つやスイーツ1つだけのオーダーでもショーが見られるよ。お財布にもやさしいレストランなんです。（栃木県／20歳／エコパック）

レストラン	MAP ⑨

豪華客船内でいただく
リッチなグリル料理

S.S.コロンビア・ダイニングルーム

約200席 / PS / テーブル / 食事

「テーブル・イズ・ウェイティング」の
ショー開催時は、窓からショーに向か
うミッキーが見られることもあった
よ。今度の新ショーでも通ってくれな
いかな。（静岡県／40歳／ファン）

メニュー例	●スペシャルセット…3600円、4300円

レストラン	MAP ⑫

具材に合わせてパンが
違うサンドウィッチ店

ニューヨーク・デリ

約520席 / PS / カウンター / 軽食

パニーニやホットサンドなど中身に合
わせてパンが違うというところにこ
だわりがキラリ。はずせないのが濃
厚な味のニューヨークチーズケーキ。
（東京都／30歳／パンラバー）

メニュー例	●マイルハイ・デリ・サンド…セット1300円　単品920円 ●ツナとエッグのパニーニ…セット1130円　単品750円

レストラン	MAP ⑮

クセになる味わいで人気
肉巻き棒状ちまき！

リバティ・ランディング・ダイナー

席数 / PS / カウンター / 軽食

甘辛いタレが絡んだポークライスロー
ルもおいしいけど、イチオシは冬限定
のみそクリームスープ。一度メニュー
から消えたけど、人気だったので復活
したんですよ。（東京都／26歳／花梨）

メニュー例	●ブラックペッパーてりやきチキンロール…500円 ●みそクリームスープ…250円 ●ウーロン茶…290円

ちょい足し情報　「リバティ・ランディング・ダイナー」のポークライスロールはステック状なので食べ歩きにぴったり。味はよくある肉巻きおにぎりと同じ感じ！（埼玉県／32歳／2児の母）

ディズニーシー

ディズニーシー・トランジットスチーマーライン

屋内・外アトラクション　MAP①

DATA1	
FP ファストパス	×
SR シングルライダー	×
身長制限	－
だっこOKか	○
平日待ち時間	約20分
休日待ち時間	約20～40分

まったり派　子連れ

3つのルートがある優雅な小型蒸気船の旅

攻略　奥のエリアとハーバー間の移動には片道コースを利用

メディテレーニアンハーバー⇔ロストリバーデルタ間の移動に使える便利な船。ただ水上ショー前と開催時は運行していないので注意して予定を組んでおこうね。（北海道／40歳／コーラル）

Q パーク初心者はどのコースを選ぶとよい？

まったり派　アメリカンウォーターフロントから乗船

アメリカンウォーターフロントからの1周コースでは、7つのエリア全てを約13分かけて巡ってくれます。シー全体を掴め、アナウンスでガイドも聞けます。2018年4月から昼と夜でアナウンスの内容が変わったよ。（神奈川県／29歳／OL）

ココをCHECK！

① スタンバイ
船着き場には輸送品や樽などが置かれているので観察してみよう。

② 乗船時に確認!
船は全12隻あり、それぞれ名前がついているので乗る前にチェックして。

③ 乗船中に発見!
S.S.コロンビア号の横を通るときがシャッターチャンス。早めに構えて!

DATA2　★形式／ライドタイプ　★定員／49名　★所要時間／約7分（周遊コースは約13分）
★注意／水上ショーの準備時間から終了までは運休または臨時ルートでの運行。

アメリカンウォーターフロント｜メディテレーニアンハーバー｜ポートディスカバリー｜ロストリバーデルタ｜アラビアンコースト｜マーメイドラグーン｜ミステリアスアイランド

屋外アトラクション MAP②

ヴェネツィアン・ゴンドラ

DATA1	
FP ファストパス	×
SR シングルライダー	×
身長制限	—
だっこOKか	○
平日待ち時間	約30分
休日待ち時間	約30〜60分

美しい運河をのんびり周遊する船の旅

デート まったり派

攻略 願いごとが叶うという6つめの橋は要チェック！

橋を通過するときに願いごとをすれば叶うというジンクスがあるんです。それは6つめに通過する橋です。ゴンドリエさんも教えてくれるはずなので聞き逃さないように‼ (福井県／21歳／ムサコ)

Q どの時間帯に乗るべきでしょうか？

デート **夕焼け時がロマンチック！**

夕焼け時は水面に映る光がすごくキレイでうっとりします。港町のライトアップも始まり、まるで海外旅行にきたような感覚を味わえます。ただショーの準備時間〜終了までは運休なので気をつけて！ (山梨県／30歳／ボレロ)

ココをCHECK！

1 いざ出発！
ほかのゴンドラにすれ違ったら「チャオー」と大きな声でごあいさつ！

2 ハーバーに出る直前
右側の石垣に注目！隠れミッキーがいるのでよ〜く見てみて。

3 海へ到達！
プロメテウス火山をバックに写真撮影すると美しい仕上がりに。

DATA2 ★形式／ライドタイプ ★定員／16名 ★所要時間／約11分30秒 ★注意／ショー準備時間〜ショー終了までの間は運休。運営時間は、パークインフォメーションボードおよび各乗り場にて要確認。

ディズニーシー
MAP ③

屋内・外アトラクション

フォートレス・エクスプロレーション

DATA1	
FP ファストパス	×
SR シングルライダー	×
身長制限	―
だっこOKか	○
平日待ち時間	約10分
休日待ち時間	約10～20分

 まったり派　 子連れ

3つのエリアを自由に冒険 大航海時代の発明に触れる

攻略　要塞の謎を解くプログラムに参加してより楽しもう！

「ザ・レオナルドチャレンジ」という謎解きに挑戦しよう。プロメテウス火山の麓にある入口のキャストに地図をもらってスタート。12時から夕方までしか実施していないからそこだけお忘れなく。
（北海道／24歳／愛）

Q　中が広いのでどこを見るべきか迷います…

 まったり派　要塞の展示&塔がおすすめ！

要塞には10個の展示があり、中でもラジコン帆船を操縦できるナビゲーションセンター（有料）がおもしろいです。高い塔からは水上ショーも鑑賞できるので、ショーの開催時間に合わせていくのもいいですよ。（千葉県／40歳／ヘルシー）

ココをCHECK！

① 入口でゲット
キャストに頼んで探検マップを手に入れ、どこから行くか確認を。

② ルネサンス号で
キー（埠頭）には、水が吹き出すしかけもあるので探してみよう。

③ 屋上もチェック
フライングマシーンはペダルを漕ぐとプロペラが動きだす！

DATA2　★形式／ウォークスルータイプ　★定員／なし　★所要時間／フリー
★注意／特になし。階段もあるので足元に注意して進もう。

アメリカンウォーターフロント / メディテレーニアンハーバー / ポートディスカバリー / ロストリバーデルタ / アラビアンコースト / マーメイドラグーン / ミステリアスアイランド

137

屋外ショー　MAP 30

ファンタズミック！

	DATA1
FP ファストパス	×
SR シングルライダー	×
身長制限	—
だっこOKか	○
平日待ち時間	—
休日待ち時間	—

デート　雰囲気重視

音と光のファンタジー！ダイナミックな水上ショー

攻略 海を一望できるフォートレス・エクスプローションの砦が穴場！

見る場所が重要。初心者はショーが正面近くから見え、出口にも近い「ミッキー広場」がおすすめ。上級者は全体が一望できる「フォートレス砦」の高い塔だと、穴場で◎。(栃木県／25歳／リッセ)

攻略 待たなくてすむ眺めのいい場所はミラコスタのレストラン

ホテルミラコスタのレストラン「オチェーアノ」と「シルクロードガーデン」で食事すれば、ミラコスタ内のテラスで鑑賞できるよ。PSを使って確実に予約をしよう。(大分県／33歳／りー)

ココをCHECK！

1 オープニング
マジカルハットの上にミッキーが登場。花火と光の魔法で夢の世界へ！

2 中盤以降
ヴィランズ（悪役）が大暴れ！ 火を噴くドラゴンとの戦いが見どころ。

3 フィナーレ
ディズニーの仲間たちが大集合！バージ（船）で華やかにパレード。

DATA2　★形式／水上ショー　★公演回数／1日1回　★所要時間／約20分　★注意／ショー内容や開催時刻は都合により変更になる場合あり。シートを広げての場所取りは開始1時間前から。

ディズニーシー

Q 迫力を感じるのにおすすめの鑑賞場所は?

雰囲気重視

ショーの中心に近いリドアイルがイチオシ

リドアイルなら臨場感たっぷりで、特に終盤のドラゴンとの対峙シーンは大迫力。ただ、ほぼ真横から見るため、スクリーンや魔法の鏡は見にくくなってしまうので気をつけて。(東京都／19歳／ミニニ)

Q 「バケパ」利用優待席はどこのエリア?

デート

スクリーンが映えるカフェ・ポルトフィーノ前

先日「ナイトエンターテイメントを楽しむ2DAYS（バケパ）」で見たエリアは、カフェ・ポルトフィーノ前でした! ゆったり座れたし、スクリーンもキレイだった～。(山梨県／40歳／ぶどう畑)

Q ぜったい最前列で鑑賞したいなら並ぶのは何時間前?

雰囲気重視

前のショーが終わらないうちに並ぼう!

平日は1時間半前～2時間前、休日は2時間半前ぐらいから並ぶと最前列をゲットできます。強者は「4時間前」からいるよ! 昼のショーが終らないうちに並ぶのがベスト。(岩手県／35歳／巽)

光りモノが買える、ハーバーにあるワゴン

SHOP ピッコロメルカート MAP 12

ハーバーに入って右手、エンポーリオの前にあるワゴンショップ。音を発したり、キレイに光るエンターテイメントグッズがいっぱい。ショーの前に立ち寄って。(山形県／29歳／さほ)

DATA 光るグッズ、カチューシャ、パスケース など

ちょい足し情報 ➕ 待ち時間が長いから、真夏以外はブランケットやショールなどの「防寒アイテム」が必須。レインコートや折りたたみ傘など「雨具」の用意も忘れないで!(奈良県／22歳／なゆ)

ショップ	MAP 9

キッチンアイテムも揃う テーブルウエア専門店

ヴェネツィアン・カーニバル・マーケット

おたまやまな板、エプロン…キッチンアイテムが幅広く揃います。特に1人暮らしを始めるかわいもの好き女子は、ぜひのぞいてもらいたいですね。この間、オズワルド・ザ・ラッキー・ラビットのトレイやマグカップが売っていたので、即買いしましたよ。（愛知県／23歳／メロメロ）

ショップ	MAP 5

手紙を書く机もある 文房具専門店

イル・ポスティーノ・ステーショナリー

学校でみんなに配るおみやげを買いたいときに重宝するショップ。カラーペンやシールなんかが喜ばれること間違いなし。ガイドブックやCDも扱っているよ。（神奈川県／15歳／SH）

便利グッズ	●傘　●レインポンチョ ●ベビーカー用レインカバー ●携帯電話充電器 ●電池　●切手　など

ショップ	MAP 6

アクセサリーやコスメ… 女子向けラブリーグッズ

ベッラ・ミンニ・コレクション

ミニーやプリンセスをあしらったピンクや赤系のグッズの品揃えが豊富です。店内はこぢんまりとしていますが、食器や携帯グッズまで幅広い品揃え！（群馬県／40歳／おサル）

便利グッズ	●かいろ　など

ショップ	MAP 14

橋の上に位置するお店 すぐ使える商品が豊富

リメンブランツェ

ミステリアスアイランドに向かう橋にあるので、移動がてら立ち寄るのに便利。サングラスやファストパスホルダーなど当日役立つものが上手にセレクトされてる！（東京都／23歳／マリ）

便利グッズ	●電池　●かいろ　●傘 ●レインポンチョ　など

 買ったばかりの靴でTDSに行ったら、靴擦れが…。「リメンブランツェ」をのぞくとサンダルがあって即購入。しかも主張しすぎないデザインだったのでお気に入りに。（千葉県／25歳／納豆巻き）

ディズニーシー

レストラン　MAP ④
運河沿いにある本格イタリア料理店

約220席／PS／テーブル／食事

リストランテ・ディ・カナレット

大人気だからPSで予約が必須！

ラグジュアリーな空間×専用の石窯で焼き上げるピッツァと、種類豊富な本格派パスタで満足度が高いレストランです。天気がよい日は、ゴンドラが通る運河沿いのテラス席をリクエストすべし。（神奈川県／26歳／マカロン）

メニュー例
- ランチコース…2800〜3500円
- ディナーコース…4200〜5400円
- イタリアンハムの盛り合わせ…1200円
- ティラミス…500円

レストラン　MAP ③
朝イチから閉園までオープン！　種類豊富なパンやスウィーツを

マンマ・ビスコッティーズ・ベーカリー

約160席／PS／カウンター／軽食

ミッキー型のかわいいデニッシュが人気ですが、パン好きの私のイチオシは、おかず系でモチモチのフォカッチャ。いろんな味が販売されているよ。（東京都／21歳／マキ）

メニュー例
- エッグ&ベーコンフォカッチャ…270円
- アップルカスタードデニッシュ…330円
- クリームチーズ・ブラウニー…310円
- カプチーノ…340円

レストラン　MAP ②
under1000円で楽しめるカジュアルイタリアン

ザンビーニ・ブラザーズ・リストランテ

約750席／PS／カウンター／食事

席数も多く、気軽に入りやすい雰囲気の店です。ただ2階のテラス席はハーバーショーが見られるので超人気。ショーが始まる2時間前から埋まってしまうほど！（千葉県／20歳／ルル）

メニュー例
- トマトとモッツァレラのピッツァ…670円
- スパゲッティ・ボロネーゼ…700円
- シーフードドリア…820円
- ティラミスロールケーキ…370円

ちょい足し情報 ➕ 「マンマ・ビスコッティーズ・ベーカリー」でたくさんパンを買って、プラス500円のスーベニアベーカリーボックスに入れてお持ち帰りします。おみやげにも◎。（東京都／24歳／バラ）

141

レストラン MAP ⑥

要塞にある高級レストランでリッチなコースに舌鼓

マゼランズ

 約200席  PS テーブル 食事

案内されたとき驚きました。ただの本棚かと思いきや、後ろに隠し部屋が！ ワインセラーの部屋で、落ち着ける空間。運がよければ案内されるかも！（東京都／40歳／ワイン女）

メニュー例	●ランチコース ノーススター…3500円 ●三元豚のカツレツ、ポルトソース…2160円（ランチのみ） ●ディナーコース マゼラン…7710円

レストラン MAP ⑦

ウェイティングにも使える重厚な空間が自慢のバー

マゼランズ・ラウンジ

 約70席 PS テーブル お酒

マゼランズの席が空くまでの待ち時間にも利用できますよ。飲みかけのドリンクは席が空き次第、運んでもらえるので安心してください！ まだ飲めます！（東京都／45歳／幸美）

メニュー例	●牛頬肉の赤ワイン煮込み…3090円 ●オードヴルの盛り合わせ…1230円 ●クレームブリュレ…770円 ●キリン一番搾り生ビール…770円

レストラン MAP ①

ロティサリーチキンがウリカジュアルイタリアン

カフェ・ポルトフィーノ

 約540席 PS バフェテリア 食事

パスタセット+ロティサリーチキンを注文してシェアするとよし！ 一度に50羽ほど焼ける専用のマシンで焼かれたチキンはジュジュジュジューシー！（秋田県／30歳／筋肉質）

メニュー例	●シーフードとモッツァレッラのラザニア…1260円 ●ロティサリーチキン（ハーフポーション）…1420円

レストラン MAP ⑧

ちょっと休憩に最適！ターキーレッグを販売

リフレスコス

 約60席 PS   カウンター 軽食

要塞の奥にあり、ちょっとだけ穴場なお店。噛めば噛むほどにおいしさが増すスモークターキーレッグにビールが絶妙にマッチします。疲れが癒える。（岩手県／45歳／モヒカン）

メニュー例	●スモークターキーレッグ…750円 ●紅茶…290円 ●キリン一番搾り生ビール…600円

 マゼランズの隠し部屋は、キャストにリクエストすれば案内してもらえる可能性も。混雑状況などによるみたい！ 大切な記念日に狙いたいよね。（滋賀県／30歳／新婚）

ディズニーシー

屋内アトラクション
MAP ④

ディズニーシー・エレクトリックレールウェイ

DATA1	
FP ファストパス	×
SR シングルライダー	×
身長制限	—
だっこOKか	○
平日待ち時間	約20分
休日待ち時間	約20～30分

 グループ まったり派

高架式トロリー電車で火山やハーバーの景色を一望

攻略 高架鉄道はニューヨークとポートディスカバリーとの移動に使おう

アメリカンウォーターフロントとポートディスカバリーを行き来する電車です。パークは広いのでしっかりと活用して足を休めておきましょう！ベビーカーもたためば乗せてOKですよ。（栃木県／24歳／MMM）

Q どこの席がおすすめですか？

グループ

海派なら左側へ 山派なら右側へ

ポートディスカバリーに向かうなら、進行方向左側に座れば、海に浮かぶS.S.コロンビア号がよく見えます。右側だとプロメテウス火山や街並みがよく見えます。個人的なおすすめは右側です。（岐阜県／25歳／研究生）

ココをCHECK！

① スタンバイ
20世紀初頭のニューヨークを思わせるレトロな駅舎のデザインも必見。

② 乗車中の景色
高架鉄道からは、いつもは見ることができない看板なども見える。

③ ついに到着
ポートディスカバリーの駅の壁画に注目。カメの模様に隠れミッキー！

DATA2 ★形式／ライドタイプ ★定員／42名 ★所要時間／約2分30秒
★注意／特になし。乗り場は3階にあるので足元に気をつけて進もう。

屋内アトラクション　MAP ⑩

ニモ&フレンズ・シーライダー

	DATA1
FP ファストパス	○
SR シングルライダー	×
身長制限	90cm以上
だっこOKか	×
平日待ち時間	約60分
休日待ち時間	約90〜120分

 グループ にぎやか好き

魚サイズにギュッと縮んでニモやドリーと海の冒険へ

攻略 正面&サイドのスクリーンを見やすい後方の席がベター

シーライダーに乗ると正面の大スクリーンに集中しがち。上部両サイドにも映像が流れているのでどちらも見るとより楽しめる。後ろの方の席が全体を見やすいのでおすすめだよ。(広島県／28歳／キャンディ)

攻略 NEWなアトラクなので混雑覚悟! FP取得か閉園間際を狙え

2017年5月オープンでまだまだ混雑必至のアトラクションなので、早めにFPをゲットしておくべき。取れなかった場合は混雑が緩和するパーククローズ前にスタンバイしてね。(三重県／18歳／お餅つき)

ココをCHECK!

① 建物の入口手前で
多数の魚が泳いでいるようなオブジェ。よく見るとキャラが隠れている!?

② 潜水艇に乗り込む前に
モニターと潜水艇の模型による解説があるのでしっかり聞いておこう。

③ 冒険の後、出口手前で
海の仲間たちが描かれたポスターがかわいすぎるので、見落とさないで!

DATA2 ★形式／シアタータイプ　★定員／1キャビン122名　★所要時間／約5分　★注意／乗り物にひとりで座って安定した姿勢が保てない方は利用不可。妊娠中の方は不可。乗車中の撮影不可。

ディズニーシー

Q どんなキャラクターに海で出会えるの?

グループ

ニモやドリー、クラッシュやスクアートetc.

映画に出てくるキャラがたくさん出演。ストーリーは5つの分岐点があり、2つずつ展開が用意されているとか。乗るたび違う内容で出会えるキャラも違うよ!（福島県／31歳／KANAKO）

Q 水に濡れるって本当?

にぎやか好き

パターンによるけど水が降ってくるシーンあり

私が乗ったときは水が飛び散ってくる場面があったんです! 少し飛び散る程度なので心配はいらないですよ。ストーリーによっては水がかからないこともあるらしいけど!（秋田県／29歳／テレサ）

Q 乗り物酔いすることもある?

にぎやか好き

激しい椅子の動き食後は避けて

ピクサー・アニメーション・スタジオのスタッフが手がけているだけあって完成度がかなり高い。海の中の映像に連動して椅子がリアルに動き、揺れが強い。食後はNG!（山梨県／19歳／桃子）

当日使えるグッズをゲット!

SHOP スカイウォッチャー・スーヴェニア　MAP 22

ファンキャップやカチューシャなど身につけるアイテムが充実しているワゴンです。並ばず買えることが多いので、ファストパスの空き時間なんかに使いやすいね。（北海道／20歳／ピンクレモネード）

DATA パスケースやヘッドウェア　など

ちょい足し情報 ベビーカー置き場の看板をよく見てみて。ストローラーのイラストに実はおなじみのキャラクターのしっぽが描かれているよ。見落としてしまいがちなので注意。（千葉県／34歳／みほ）

（縦書き見出し）アメリカンウォーターフロント／メディテレーニアンハーバー／ポートディスカバリー／ロストリバーデルタ／アラビアンコースト／マーメイドラグーン／ミステリアスアイランド

屋外アトラクション　MAP⑪

アクアトピア

	DATA1
FP ファストパス	×
SR シングルライダー	×
身長制限	―
だっこOKか	×
平日待ち時間	約30分
休日待ち時間	約30〜50分

ウォーターヴィークルでスイスイ水上ドライブ！

攻略 ライド中の記念写真を撮ってもらうなら山側コースで

山側と海側２つのコースがあります。人気は海側。岩の中に入ったりとおもしろ要素が多いですからね。だけどアトラクションの外から写真撮影してもらうなら、よく見える山側をチョイスして。（愛知県／32歳／マカフィー）

Q 夏はいつもとは違うコースになるって本当？

夏限定のびしょ濡れコースが登場！

夏の時期限定のびしょ濡れコース。海側コースも山側コースもどちらもビショビショになります。どちらかというと海側コースのほうがさらにびしょ濡れ度が高い。冬の時期は濡れることはないので安心してくださいね。（青森県／23歳／野菜好き）

ココをCHECK！

① スタンバイ中
海側と山側で見える景色が違うので好みのコースを選んで並ぼう！

② 水上散歩スタート
乗り物の下を見て。レールがない！ どこに進むかわからないから緊張！

③ スイスイ進む
クルクル回ったり、突然方向転換したり…間欠泉の水柱にも要注意！

DATA2 ★形式／ライドタイプ　★定員／3名　★所要時間／約2分30秒　★注意／乗り物にひとりで座って安定した姿勢が保てない方は利用不可。子どもをひざに乗せた状態では利用不可。乗車中の撮影不可。

ディズニーシー

ショップ　MAP21
ニモやドリーなど海の仲間グッズ満載!
ディスカバリーギフト

「ニモ&フレンズ・シーライダー」にちなんだ商品がぎっしり。シュノーケリングのゴーグルをデザインしたサングラスなどユニークなものもあり。
（群馬県／29歳／お猿の桃子）

便利グッズ	●傘　●レインポンチョ ●切手　●かいろ　など

レストラン　MAP21
ディズニーキャラクターダイニング実施レストラン
ホライズンベイ・レストラン

※キャラクターダイニングのみ

入口を入って左はふつうのレストラン、右がディズニーキャラクターダイニング。ミッキー、ミニー、プルートがテーブルまで来てくれ、記念撮影ができますよ!（高知県／20歳／カシ）

メニュー例	●"セレクトファイブ"セット…2040円 ●ハンバーグ、和風ソース…1260円 ●ディズニーキャラクターダイニング(大人)…3020円　4才～8才の子ども…1730円

レストラン　MAP22
TDSの名物"うきわまん"を販売するワゴン
シーサイドスナック

細かくカットした海老がぎっしり詰まったうきわまんは絶品です。天気がよい日はココのワゴン横にある海沿いのテラス席がとても心地よい。
（宮城県／19歳／バレリーナ）

メニュー例	●うきわまん(エビ)…500円 ●コカ・コーラ…300円/240円

レストラン　MAP23
電車の駅近くにあるパイ系スナックの店
ブリーズウェイ・バイツ

いつもはミートパイがあるんだけど、フロンティアダブルパイが登場してました。ミートとクルミがドッキングしたパイで、食感もよくて100点満点。
（千葉県／29歳／ダイ）

メニュー例	●フロンティアダブルパイ 　(ミート&クルミ)…500円 ※フライドピザに変更の場合あり

「ホライズンベイ・レストラン」のキャラクターダイニングはPSにて事前受付が必須になったよ。予約はすぐに埋まってしまうから予約開始日に取得すべし。（栃木県／32歳／MM）

屋内アトラクション　MAP 22

インディ・ジョーンズ・アドベンチャー：クリスタルスカルの魔宮

	DATA1
FP ファストパス	○
SR シングルライダー	○
身長制限	117cm以上OK
だっこOKか	×
平日待ち時間	約70分
休日待ち時間	約80〜150分

壮大なスケールの古代遺跡探検アドベンチャー！

 アクティブ派　 グループ

攻略 朝のオープン直後または閉園間際に入るとスムーズ！

場所が遠いため、早朝と夜遅くは空いているよ。狙い目は、開園直後か閉園間際。ただし、混雑日は閉園100分くらい前に締め切る場合もあるから、時間に気をつけて！(千葉県／33歳／ドナ)

攻略 1人でOKならシングルライダーを利用して即探検の旅に

シングルライダーを希望すれば、FP無しで通してくれるよ。途中で専用の通路に回され、運がよければすぐ搭乗できる。私の場合、デートでも別々に乗っちゃうときがあるよ。(福島県／27歳／まりん)

ココをCHECK！

1 スタンバイ中
某企業創業者が載る古新聞、古びた電球など、こだわりの小物に注目。

2 隠れミッキー
遺跡内の通路に発見！ 長い壁画についた穴の形がミッキー。

3 毎回セリフが違う！
乗る度に変化するインディ、コパ、スカルのセリフ。よく聞いてね！

DATA2　★形式／ライドタイプ　★定員／12名　★所要時間／約3分　★注意／アトラクションの利用により悪化するおそれのある症状を持つ方、妊娠中・高齢の方は利用不可。乗車中の撮影不可。

ディズニーシー

Q ファストパスを駆使してのリピート何回できる?

アクティブ派

激混みでなければ1日3回は乗れる!

比較的発券終了まで遅いから、数枚目のFPでもOK。激混みでなければ1日に3回は乗れる。トイマニFPがいらない人は朝イチでセンターのFPを取り、インディのSBに並ぶ手もあり。(東京都／40歳／茜)

Q スリルを感じるのにおすすめの席は?

アクティブ派

スピードと恐怖を味わいたいなら一番後ろの席へ!

一番後ろが◎

前も視界が開けていいけど、僕は一番後ろがイチオシ。端に座ればカーブを曲がるときの左右に揺れがダイレクトに感じられるよ。あと、泉を見たかったら右側に座ってね。(群馬県／36歳／ママ)

Q カメラ目線で写真を撮るにはどこを見ればいい?

グループ

"左上"を見れば目線バッチリ!

撮影ポイントは、ロープに掴まるインディの背後に巨大な岩が迫る瞬間。ここで"左上"を見ればカメラ目線に! 販売は出口右の「エクスペディション・フォトアーカイヴ」。(栃木県／22歳／のり)

ライド中に撮影された写真が手に入る!

SHOP エクスペディション・フォトアーカイヴ MAP 31

ライド中の恐怖体験の瞬間をとらえた写真が購入できる! 出口付近のモニターに表示される画像の番号と枚数を伝えよう。フォトキーカードをもらえばオンライン購入も可。(宮城県／46歳／たん)

DATA アトラクション体験中の写真(台紙付き)…1300円〜

ちょい足し情報＋ 身長制限で乗れない子がもらえることもある「未来の魔宮ツアー参加証明書」は何年経っても有効。時間指定なしで、FP入口で出せば同行者全員が乗れる。(茨城県／44歳／史華)

屋外アトラクション　MAP㉓

レイジングスピリッツ

DATA1	
FP ファストパス	○
SR シングルライダー	○
身長制限	117cm以上 195cm以下OK
だっこOKか	×
平日待ち時間	約60分
休日待ち時間	約80〜120分

猛スピードで360度回転 人気のローラーコースター

アクティブ派　グループ

攻略 荷物を預けられるコインロッカーを3時間フルで活用すべし!

大きな荷物はコインロッカーに預けられます。しかも3時間まで無料なんです。せっかくだから荷物はしばらくココに預けておいて、身軽に行動すると体力を消耗せずにすみますよ。（福島県／32歳／妖怪ケイタ）

Q 絶叫好きはどこに乗るのがおすすめですか?

アクティブ派

浮遊感大の後方座席が◎

スピード感も浮遊感も後方の席のほうが味わえるので、一番後ろの席がイチオシです。それに一番後ろだとレールもよく見えないのでどこに進むかわからない恐怖感もありますよ!（群馬県／25歳／タンス貯金）

ココをCHECK!

① ライド前に
入口付近で燃え上がる火の神の炎を入れて記念撮影を。迫力ある1枚に!

② 貨車に乗る
1回転するので、首に負担がかからないよう、頭を後ろに着けて乗るべし!

③ いよいよ360度回転
つい恐怖で目をつぶってしまいがち。しっかり目を開けて景色を楽しもう。

DATA2　★形式／ライドタイプ　★定員／12名　★所要時間／約1分30秒　★注意／乗車中の撮影不可。大きな荷物は専用ロッカーに預ける。座席やショルダーバーが体型・身長に合わない方は利用不可。その他要キャスト問合せ。

ディズニーシー
MAP㉔
屋内キャラクターグリーティング
ミッキー&フレンズ・グリーティングトレイル

DATA1	
FP ファストパス	×
SR シングルライダー	×
身長制限	―
だっこOKか	○
平日待ち時間	約40分
休日待ち時間	約50〜70分

 にぎやか好き 子連れ

ミッキー or ミニー or グーフィーと撮影できる

攻略
待ち時間が少なくなる夜を狙って並ぶべし!

エリアがエントランスから遠いせいか、夜が一番待ち時間が少ない傾向にあります。だいたい閉園45分前ぐらいに締め切られるので、遅すぎない程度の時間を狙うのもお忘れなく!（東京都／34歳／ネイリスト）

Q 3人と写真を撮りたいのですが可能ですか?

 にぎやか好き
それぞれ並べば記念撮影できる!

通路が途中で3つに分かれているので、それぞれ並ぶ必要があります。一番人気はミッキー、2番人気はミニー、3番人気がグーフィー。入口で待ち時間を確認して空いているキャラから並ぶとよいかも!（千葉県／27歳／けろりん）

ココをCHECK!

① 待ち時間
遺跡や昆虫など見どころ多し。ノートや写真に隠れミッキーがちらほら!

② いよいよご対面
探険家気分でポーズを。ミッキーの後ろの壁画にも隠れミッキーが!

③ 写真をチェック
プロのカメラマンが撮影した写真を確認。気に入ったら申し込みを。

DATA2 ★定員／なし ★所要時間／フリー ★注意／一緒に体験される方全員そろってスタンバイ。手持ちのカメラでの撮影は、1グループにつき1枚のみ。

151

屋内キャラクターグリーティング　MAP㉕

"サルードス・アミーゴス！"グリーティングドック

FP ファストパス	×
SR シングルライダー	×
身長制限	ー
だっこOK?	○
平日待ち時間	約30分
休日待ち時間	約40〜60分

DATA1

メキシコ衣装をまとったドナルドと記念撮影！

攻略 早めにクローズすることもある！19時前までには並んでおこう！

日によって違うのですが、パーク開園15分後〜21時終了のことが多いです。もっと早く終わってしまうこともあるので20時前までにはスタンバイを。カメラを忘れずに。
（千葉県／38歳／映画鑑賞が趣味）

Q ドナルドにはどんな場所で会えますか？

鮮やかな屋台が並ぶ市場で撮影

民芸品や果物が並ぶメキシカンな屋台でドナルドが待っています。屋根付きなので雨の心配はナシ！ただ川沿いの場所なので風が強い日や冬は寒いです。寒さ対策をしておくと快適に待てるはず！
（熊本県／25歳／保育士）

ココをCHECK！

① 待ち時間
カラフルでかわいい民芸品がズラリと並んでいるので見ながら過ごそう。

② サインももらう！
撮影はもちろん、サインも。おしりをプリプリするドナルドがキュート。

③ 撮影後
プロ写真を買うなら注文。受け取りはフォトグラフィカなので忘れずに。

DATA2 ★定員／なし　★所要時間／フリー　★注意／一緒に体験される方全員そろってスタンバイ。手持ちのカメラでの撮影は、1グループにつき1枚のみ。

ディズニーシー

ショップ MAP 30
ワイルド系グッズ＆オリジナルグッズの店
ロストリバーアウトフィッター

彼とお揃いで作ったのがレザーカービングブレスレット。名前彫ってもらえるので、お互いの名前を入れてもらって彼と交換しちゃった！（石川県／21歳／萌もえ）

便利グッズ	●傘　●携帯電話充電器 ●電池　●切手 ●かいろ　●ストッキング ●ポケットティッシュ　など

ショップ MAP 32
防寒、日除けグッズなど季節に合った商品を厳選
ルックアウト・トレーダー

小さなお店だけど、ヘッドウェアや光グッズなど当日必要な商品がうまいこと詰まっています。混雑することもあまりないので穴場ショップです。（岩手県／27歳／カメレオン）

便利グッズ	●ポケットティッシュ ●かいろ　など

レストラン MAP 29
ラテン音楽が心地よいメキシコ料理屋さん
ミゲルズ・エルドラド・キャンティーナ

夏限定で店内でアトモスフィアショー「パイレーツ・キャンティーナ・フィエスタ」を開催してました。食事しながらショーが楽しめるなんて最高。今年も開催希望！（大阪府／29歳／妖精）

メニュー例	●スパイシーミートのタコスセット…1180円 ●ケサディーヤセット…1180円

レストラン MAP 31
サクサク生地にクリームとスポンジ入りのお菓子
トロピック・アルズ

チョコ味のスポンジとバナナとキャラメルのソースがinしたパイ。おいしくってリピ決定！　けっこうボリュームがあるので小腹が空いたときにも◎。（東京都／21歳／メンズゥ）

メニュー例	●ティポトルタ（チョコレート／チリコンカン）…各360円 ●コカ・コーラ…300円／240円

ちょい足し情報　「ミゲルズ・エルドラド・キャンティーナ」では下の階にある川沿いのテラス席が開放的でおすすめです。専用マシンで作るトルティーヤは安定した味わい！（山梨県／17歳／プリン）

屋内ショー　MAP 33

アウト・オブ・シャドウランド

	DATA1
FP ファストパス	×
SR シングルライダー	×
身長制限	—
だっこOKか	○
平日待ち時間	約10分
休日待ち時間	約10〜30分

最新の映像技術を駆使した本格ミュージカルショー

デート　まったり派

攻略 迫力重視派は前方センター席　映像重視派は後方センター席

アクロバティックなパフォーマンスや美しい歌声は真ん中の最前列が一番感じやすい。ちなみに席は先着順。前方の席を確保するには、ショー開始の1時間前には並んでおきたいね。(長崎県／20歳／キャサリン)

Q ディズニーキャラクターはショーに出演するの？

まったり派　**キャラ登場はなし 大人向けのショー**

キャラは一切出てきませんが、出演者のパフォーマンスのレベルが高い。中でもワイヤーアクションは鳥肌モンですよ。空調の効いた空間で椅子に座って休みながら見られるので疲れたときにひと休みがてら利用したい。(埼玉県／32歳／プリん)

ココをCHECK！

1 ショー開始まで
ショーを鑑賞する人全員揃った状態でスタンバイするように！

2 主人公メイが登場
シンガー・ソングライター、アンジェラ・アキさんが手がけた曲も披露。

3 物語も佳境へ
最新の映像技術はもちろん80度傾斜するステージ装置も必見。

DATA2 ★形式／ステージショー　★公演場所／ハンガーステージ　★公演回数／1日3〜6回予定　★上演時間／約25分　★注意／鑑賞希望者は全員揃って待つ。定員に達した場合、または開演時間の5分前に案内終了。写真やビデオ撮影不可。途中入退場不可。

ディズニーシー
MAP ㉖

屋外アトラクション

ジャスミンのフライングカーペット

DATA1	
FP ファストパス	×
SR シングルライダー	×
身長制限	—
だっこOKか	×
平日待ち時間	約20分
休日待ち時間	約20〜40分

空飛ぶ絨毯に乗り
ジャスミン庭園を空中散歩

攻略 撮影組と乗車組に分かれると◎ 観覧エリアを活用して記念撮影を

入口の左手、2階のバルコニーが観覧エリアになっています。2階にあるので空飛ぶ絨毯と同じ高さなんです。なので素人でも写真を撮りやすい。撮影する人と乗る人、交代制にして。（佐賀県／32歳／みりん）

Q 魔法の絨毯の高さは調整できますか？

  手元のレバーで簡単調整が可能

前の席のレバーで高さ、後ろの席のレバーで傾きを変えられます。最高高度は約5mでけっこう高さがあります。ワイワイしながらUP&DOWNを楽しむと盛り上がりますよ。（島根県／24歳／ウエディングプランナー）

ココをCHECK！

① 乗り場近く
並んでいるときは壁画を確認。雲が隠れミッキーになっている！

② 絨毯に乗る
16台ある絨毯型の乗り物は1台1台微妙にカラーや模様が違うよ。

③ 空中を飛び回る
最高高度まで上げて景色を楽しもう。プロメテウス火山まで見える！

DATA2 ★形式／ライドタイプ ★定員／1台4名 ★所要時間／約1分30秒 ★注意／乗り物にひとりで座って安定した姿勢が保てない方は利用不可。子どもをひざに乗せた状態では利用不可。乗車中の撮影不可。

屋内アトラクション　MAP 28

マジックランプ シアター

DATA1	
FP ファストパス	○
SR シングルライダー	×
身長制限	―
だっこOKか	○
平日待ち時間	約30分
休日待ち時間	約60〜80分

 まったり派　 にぎやか好き

リアルと映像がシンクロ！抱腹絶倒のマジックショー

攻略 FPを取る取らないはスタンバイの様子を見て決める

FP対象だけど、時間の刻み方が短くて使いにくい。その回をのがすと次の開演時間まで待つことに。スタンバイの混み具合も見ながら、FPを取るかどうか決めるといいよ。(東京都／38歳／カン)

攻略 トークでいじられたいなら最前列！アシームやシャバーンが話かける

マジックショーの迫力と臨場感が抜群なのは、最前列と2〜3列目のセンター。ここならアシームやシャバーンにトークでいじってもらえるかも!? 列に入るタイミングで調節して。(千葉県／29歳／ひまりん)

ココをCHECK！

1 オープニング
コブラの「ベキート」によるストーリーの説明。重要なので聞き逃すな！

2 マジックショー
魔術師シャバーンのアドリブ満載で大爆笑のリアルマジックショー！

3 ジーニーの3Dショー
「不思議な眼鏡」で、飛び出すジーニーの迫力満点の映像を楽しもう！

DATA2　★形式／シアタータイプ　★定員／322名　★所要時間／約23分(上演時間約9分30秒)
★注意／フラッシュ撮影、液晶画面を使用しての撮影不可。

ディズニーシー

Q 隠れミッキーならぬ隠れジーニーがいるって本当?

まったり派

壺やタペストリーポスターの中に!

ツボの模様に注目!!

隠れジーニーはタペストリーやポスターの中などにまぎれているよ。見つけやすいのはベキートのカゴの下に置かれた壺の模様かな。隠れミッキーもどこかにいるみたい。(鳥取県／20歳／サトミ)

Q シャバーンとアシームはシアターでしか会えないの?

にぎやか好き

スペシャルイベントの屋外ショーでも活躍!

スペシャルイベントショー「スプリングタイム・サプライズ」(2012〜2014年)と「ディズニー・ハロウィーン」(2015〜2016年)に出演。屋外でマジックを披露してたよ!(秋田県／33歳／雪)

Q ショーが一番盛り上がるのはどの時間帯?

にぎやか好き

ゲストがお疲れ気味の夕方にパワーアップ!

夕方以降、ゲストが疲れてダレ気味になった頃合いが実は見ごろ! ゲストを盛り上げるため、シャバーンのギャグとハイテンションぶりが逆にヒートアップするよ。(神奈川県／22歳／どや顔)

水辺に面したアラビア風の建物でスナックを販売

RESTAURANT　サルタンズ・オアシス　MAP 34

水辺を望むテラス席で、おやつ系メニューが中心だから休憩がてら立ち寄るのにピッタリ。回転率が早いから、待ちたくない時でもOK。人気メニューは「メイプルクリームボール」。(島根県／32歳／ポン)

DATA メイプルクリームボール…360円　など

ちょい足し情報＋　シャバーンはもちろん、ジーニーのしゃべりもおもしろい。ゼペットさん、ホーンテッドマンションなどなど、登場するディズニー小ネタで笑えたらディズニー通!?(東京都／28歳／エリカ)

屋内アトラクション　MAP㉗

シンドバッド・ストーリーブック・ヴォヤッジ

DATA1	
FP ファストパス	×
SR シングルライダー	×
身長制限	－
だっこOKか	○
平日待ち時間	約10分
休日待ち時間	約10〜20分

まったり派　子連れ

シンドバッドとチャンドゥと最高の宝物を探す船旅

攻略　待ち時間が少なめ！空き時間にサッと楽しみたい船の冒険！

空いている日は待ち時間約5分ほどで、ちょっとした空き時間に利用しやすいアトラクションです。約163体もの人形が続々登場するので満足度も高い！　リアルな動きも好評価！（千葉県／32歳／モナカはチョコ）

Q　バナナの匂いはいったいどこからしてくるの？

まったり派　**バナナが積まれた船から甘い香り！**

船にたくさんのバナナが積まれているシーンで、甘いバナナの香りがしてきます。本物のバナナが置かれているのかと思ってしまうほど、リアルな香りです！　こういうしかけがおもしろいですよね。（群馬県／22歳／フローリスト）

ココをCHECK！

① 待ち時間
絵画やマップが飾られているのでこれからの船旅をイメージしておこう。

② 船旅の途中
大きなクジラの口の上に大き目の隠れミッキーがあるので確認を！

③ 旅の終了直前
シンドバッドとチャンドゥの間の地図に、アラジンとジャスミンを発見。

DATA2　★形式／ライドタイプ　★定員／24名　★所要時間／約10分
★注意／フラッシュ撮影、液晶画面を使用しての撮影不可。

キャラバンカルーセル

ディズニーシー MAP㉙

屋内アトラクション

DATA1	
FP ファストパス	×
SR シングルライダー	×
身長制限	—
だっこOKか	○
平日待ち時間	約5分
休日待ち時間	約10〜30分

ジーニーやゾウ、ラクダに乗れる2層式カルーセル

攻略：景色重視派は2階がおすすめ　撮影重視派は1階へGO

アラビアンコーストの景色を存分に楽しみたいならやっぱり2階。外からカメラで撮ってもらうなら1階。人気があるのは2階なので待ち時間を短縮したいなら1階へゴー。（熊本県／19歳／レオレオニ）

Q 年齢によって乗ることができるライドは変わる？

外側2列は子どもと親が一緒に乗れる

外側の2列は子どもと保護者が一緒に乗れますよ。人気のジーニーを狙うならお早めに！　赤ちゃんと乗るなら馬車のチャリオットに。抱っこしながら乗れるので赤ちゃんも安心です。（秋田県／34歳／研究員）

ココをCHECK！

1 スタンバイ前
2層式は珍しいので建物全体が入るように記念撮影をしておこう！

2 スタンバイ
2階の天井にはアラビアンナイトの絵が描かれているので見てみよう。

3 カルーセルに乗る
乗りながら他のライドも見てみよう。幻獣グリフィンなど珍しいものも。

DATA2　★形式／ライドタイプ　★定員／約190名　★所要時間／約2分30秒
★注意／小さい子どもはベルトをつけてあげよう。

ショップ	MAP34

ガラス工芸品と手品グッズの実演販売あり

アグラバーマーケットプレイス

ジーニーのグッズも充実していますが、おすすめは子トラのチャンドゥグッズ。実はTDSオリジナルのキャラで、ひそかに人気なんです。かわいくて癒される〜。(岐阜県／23歳／SH48)

便利グッズ	●傘　●レインポンチョ ●ベビーカー用レインカバー ●携帯電話充電器　●電池 ●切手　など

ショップ	MAP35

コブラの罠と宮殿への道 2つのゲームに挑戦できる

アブーズ・バザール

ゲームにチャレンジして成功するとぬいぐるみがもらえます！ ハロウィンやクリスマスなどイベントごとに景品が変わるのでコレクションすべし。そして"宮殿への道"のコツは横の壁を狙って力を入れて転がす！ 力の加減が難しいんですがね。(愛媛県／18歳／獣道)

レストラン	MAP33

スパイスが効いた本格派カレーをライスとナンで

カスバ・フードコート

何種類ものスパイスを配合した本格的なカレーが食べられ、甘口もチョイスOK。席数が多いから比較的席が確保しやすくて使いやすい店だよ。天気がよい日はテラス席が◎(埼玉県／23歳／激辛部)

メニュー例	●3種のカリー(チキン、ビーフ、シュリンプ)、ライスとナン付き…1020円 ●ビーフカリー、ライスとナン付き…960円

レストラン	MAP35

ミッキーシェイプのチュロスでプチ休憩

オープンセサミ

安定した人気を誇るチュロスを販売。イベントやシーズンに合わせて味が変わるのもお楽しみ。クリスマスの時期のチョコ味が個人的にはベスト1。(千葉県／16歳／バレー部員)

メニュー例	●ミッキーチュロス(シナモン)…310円 ●ペットボトル各種…200円

 「アブーズ・バザール」のゲームに何度も挑戦していますが、いまだ成功ならず。はずれ賞のピンバッジが増えてゆく。次はもう少し力を入れてボールを投げよっと。(鹿児島県／29歳／花屋)

160

ディズニーシー
MAP⑭

屋外アトラクション
フランダーのフライングフィッシュコースター

DATA1	
FP ファストパス	×
SR シングルライダー	×
身長制限	90cm以上OK
だっこOKか	×
平日待ち時間	約20分
休日待ち時間	約30〜50分

 デート   にぎやか好き

最高時速約33km！ミニジェットコースター

攻略 小型だけどあなどれない！スリルを味わいたいなら左側へ

コースは右回りが多いので、遠心力が強くなる左側の席のほうがスリルが味わえます。さらに前方の席よりも後方の席のほうがスピード感を感じやすいですよ。狙う席は後方でキマリですね。
（千葉県／34歳／インテリア好き）

Q 低年齢向けのようですが怖くないですか？

 デート

UP&DOWNが激しいので結構スリリング

アップダウンがたくさんあるコースを走るので大人でも楽しめます。コースターが小さいので急旋回したときはみだしそうになりドキドキもします！ 自然に彼にピッタリできちゃいます。（北海道／25歳／北の国から）

ココをCHECK！

① 待ち時間では…
スタンバイの列は外。パラソルがあるが、夏は暑くなるので暑さ対策を。

② 乗車中を撮影
撮影組が待機しているなら、フェンス沿いから写真を撮ってもらおう！

③ 乗車後にも注目ポイント
EXITと書かれている看板に小さな隠れミッキーがいるので探してみて。

DATA2 ★形式／ライドタイプ ★定員／16名 ★所要時間／約1分 ★注意／アトラクションの利用により悪化するおそれのある症状を持つ方、妊娠中・高齢の方は利用不可。乗車中の撮影不可。

屋内アトラクション　MAP⑯

マーメイドラグーン シアター

DATA1	
FP ファストパス	○
SR シングルライダー	×
身長制限	―
だっこOKか	○
平日待ち時間	約30分
休日待ち時間	約50〜90分

女子会

雰囲気重視

宙を舞うアリエルに大興奮 歌と映像のシアターショー

攻略 特殊なFPだからあちこち回る前にまずはラグーンを楽しみ尽くそう！

指定の時間が20分前後と使いにくいFP。でもシアターで優先されるから取った方がいいよ。朝イチでFPを取って、待ち時間までマーメイドラグーンで時間調整するといいかも。(山口県／34歳／ピピ)

攻略 アリエルの秘密の洞窟の場面に「エリックの肖像画」を発見

映画『リトル・マーメイド』の前か最初の頃の物語なんだって。ショーでもアリエルの洞窟は人間界のモノでいっぱい。その中に「エリック王子の肖像画」を見つけちゃった！(福島県／33歳／ルフィ)

ココをCHECK！

① オープニング
セバスチャンとスクリーンに映るアリエルの姉たちのセッション開始！

② 物語が進むと…
アリエル登場。会場の上を360度遊泳しながら、美しい歌声を響かせる！

③ 感動のフィナーレ
ゲストも手拍子で参加。シャボン玉が舞い散り明るく華やかなラスト。

DATA2 ★形式／シアタータイプ　★定員／700名　★所要時間／約14分
★注意／写真撮影やビデオ撮影不可。

ディズニーシー

Q 海底エリアの「手すり」がグニャグニャなのはどうして？

雰囲気重視

水中ではなんでも屈折して見えるから

曲がったデザインで、水中のゆらぎ感や光の屈折を再現しているよ。確かに辺りを見渡すと「真っ直ぐなモノ」がない！ 細かな描写がリアルな海底世界を創り上げているんだね。(茨城県／18歳／なつめ)

Q いい席で見たいのだけど並び方のコツってある？

雰囲気重視

優先的にシアターに入れる一番奥の列に並ぼう

360度どこでも見えるけど、アリエルが飛ぶのはシアター中央〜奥が中心。席は一番奥の最前列〜7列目が◎。早く入場するために待ちスペースでは一番奥の並び列に入って。(千葉県／19歳／ちゃき)

Q ショーの最中近くに来るキャラはアリエルだけ？

女子会

陽気なセバスチャンとかわいいフランダーも！

セバスチャンとフランダーが客席通路に出てくるサプライズ。至近距離まで来てくれてみんな大興奮。「エラがはちきれるかと思ったよ」ってフランダー、かわいすぎ。(福島県／33歳／ルフィ)

クジラのお腹の中にはアリエルグッズてんこもり！

SHOP スリーピーホエール・ショップ MAP 24

大きなクジラの口が入口でその上には眠そうな目が開いたり閉じたり。シーだけで買えるアリエルグッズがいっぱい。海の住人になれる似顔絵（1500円〜）がかわいい♪（岐阜県／29歳／サチ）

DATA アリエルの抱き枕、ぬいぐるみ　など

ちょい足し情報 アリエルが近いのは嬉しいけどワイヤーシステムや衣装のつなぎ目などの裏側まで見えすぎ…。夢をこわしたくない人は逆に「飛行エリア席」は避けた方が無難!?（京都府／45歳／たか）

屋内アトラクション　MAP⑳

アリエルの プレイグラウンド

FP ファストパス	×
SR シングルライダー	×
身長制限	―
だっこOKか	○
平日 待ち時間	約0分
休日 待ち時間	約0分

DATA1

まったり派　子連れ

9つのエリアを自由に 行き来できる遊び場

攻略 アトラクション入口でまずはキャストを探してマップをゲット

入口でキャストに頼めば探検マップをもらえます。見どころが分かりやすく書いてありますよ。ちびっこ用のプレイエリア、「スターフィッシュ・プレイペン」以外なら大人も楽しめます！(群馬県／34歳／新婚)

Q 広いのでどこが見どころか教えてください！

まったり派

影が残る不思議な場所！

おすすめは「ケープ・オブ・シャドー」というエリア。壁に体をくっつけるとイナズマが光ったとき影が残るんです。おもしろいしかけでしょ！　運がよければアリエルやフランダーの影も見られますよ。
(東京都／23歳／糖質オフ生活)

ココをCHECK！

① 入口で
入口にあるマップで全体を把握し、どこから回るか決めておこう！

② 中へ進む
「アリエルのグロット」では箱や時計の音が鳴ったり…しかけが多数。

③ まだまだ進む
「マーメイド・シースプレー」は水がピューッと噴き出すので要注意！

DATA2　★形式／ウォークスルータイプ　★定員／なし　★所要時間／フリー
★注意／スターフィッシュ・プレイペンの利用は6歳以下に限る。

ディズニーシー MAP㉑

屋内キャラクターグリーティング

アリエルの グリーティンググロット

DATA1	
FP ファストパス	×
SR シングルライダー	×
身長制限	―
だっこOKか	○
平日待ち時間	約40分
休日待ち時間	約40～70分

女子会 / にぎやか好き

入り江の洞窟で美しすぎる アリエルと記念撮影

攻略
混雑状況により 早めに終わることも 17時前までには スタンバイを!

9時30分か10時にオープンし、たいてい18時に終了します。ほかのグリーティングスポットよりも早めに終わるので17時頃までには並んでおくべし。もちろんカメラをお忘れなく!(千葉県／34歳／リンカ)

Q アリエルの コスチュームは いつも同じもの?

女子会

クリスマスは スペシャルに!

クリスマスシーズンは真っ赤なケープを着たアリエルに会えるんですよ。アリエルには赤がよく似合う! せっかくだから女子会のメンバーみんなで赤い服を来ていくのもおすすめ! きっといい写真になるはず!(島根県／29歳／OL)

ココをCHECK!

1 待ち時間
アリエルは英語でおしゃべりできる。どんなことを話すか考えておこう。

2 いよいよご対面
ピンクの貝殻に座るアリエル。キレイな尾びれを必ずフレームインさせて。

3 プロ写真を買うなら
受け取りはグロットフォト&ギフト。18時～はマーメイドトレジャーで。

DATA2 ★定員／なし ★所要時間／フリー ★注意／整理券はグループ全員そろっていなくても来た順に1人1枚配布。手持ちのカメラでの撮影は、1グループにつき1枚のみ。

屋外アトラクション　MAP ⑮

スカットルのスクーター

ヤドカリの背中に乗りグルグルドライブ！

DATA1

身長制限	だっこOKか	待ち時間
—	×	約20～40分

にぎやか好き

ライドが突然後ろを向いたりするので、友だちや家族と分かれて乗るときは前後で乗るとよい。対面になることもあるのでワイワイ盛り上がれます。（東京都／24歳／ドラミ）

DATA2
★形式／ライドタイプ　★定員／2名
★所要時間／約1分30秒　★注意／乗り物にひとりで座って安定した姿勢が保てない方は利用不可。子どもをひざに乗せた状態では利用不可。乗車中の撮影不可。

屋内アトラクション　MAP ⑲

ワールプール

海藻でできたカップがグルグル回転＆スピン

DATA1

身長制限	だっこOKか	待ち時間
—	○	約20～40分

デート

ライドにはピッタリとくっついて乗ると、重心が傾いて回転が速くなるんですよ。彼と自然にくっつくことができてドキドキでした。（島根県／15歳／どんぐり）

DATA2
★形式／ライドタイプ
★定員／4名
★所要時間／約1分30秒

屋内アトラクション　MAP ⑰

ジャンピン・ジェリーフィッシュ

貝殻に乗ってUP・DOWN海底王国を一望できる

DATA1

身長制限	だっこOKか	待ち時間
—	×	約20～30分

まったり派

空中からの景色を最大限に楽しみたいなら前のほうの貝殻に乗るのがちょっとしたコツ。奥のライドよりも海底王国全体を見渡しやすいんですよ。（神奈川県／19歳／愛子）

DATA2
★形式／ライドタイプ　★定員／2名
★所要時間／約1分　★注意／乗り物にひとりで座って安定した姿勢が保てない方は利用不可。子どもをひざに乗せた状態では利用不可。乗車中の撮影不可。

屋内アトラクション　MAP ⑱

ブローフィッシュ・バルーンレース

キュートなフグに乗ると回転レースのスタート！

DATA1

身長制限	だっこOKか	待ち時間
—	○	約30～50分

子連れ

レースと言っても追いついたり、追い抜かれたりはしないので安心してください！　だけどスピードは思ったよりも速く、内側に少し傾くのでスリリング！（沖縄県／27歳／ハート）

DATA2
★形式／ライドタイプ
★定員／4名
★所要時間／約1分30秒
★注意／乗車中の撮影不可。

「ブローフィッシュ・バルーンレース」の待ち時間に壁に隠れミッキーを発見しました。ただの穴かと思いきやミッキーの形をしていてハッピー気分になりましたね。（山口県／17歳／涼子）

ディズニーシー

ショップ　MAP 26
かわいいベビー&キッズの洋服や小物が充実!
キス・デ・ガール・ファッション

『リトル・マーメイド』のキャラがデザインされた洋服が豊富です。パステル調のものが多いので出産祝いにも◎。ハロウィン時期は仮装グッズが超充実!（愛知県／24歳／ネリス）

便利グッズ	●傘　●レインポンチョ ●ベビーカー用レインカバー ●紙おむつ　●ストッキング ●ポケットティッシュ　など

ショップ　MAP 25
貝や海をモチーフにしたアクセサリーが大人気
マーメイドトレジャー

ヘアアクセやネックレスなどかわいくてリーズナブルなものがたっくさん。お店の中にガチャガチャもあるんですよ。ガチャガチャの扱いはシーではここだけ!（新潟県／17歳／美奈子）

便利グッズ	●デジタルメディア ●電池　●切手　など

ショップ　MAP 28
キャラグリ施設で撮った写真を購入できるお店
グロットフォト&ギフト

アリエルのグリーティンググロットでプロのカメラマンに撮影してもらった写真を買えますよ。品数は少ないですが、アリエルのグッズもあります!（岐阜県／38歳／diet中）

便利グッズ	●傘　●レインポンチョ ●電池 ●ポケットティッシュ ●かいろ　など

ショップ　MAP 29
カチューシャやファンキャップがズラリ!
シータートル・スーヴェニア

ヘッドアクセがメインのワゴンショップ。買ってその場でつけるのがおすすめ! あとね、気づかない人も多いから教えちゃう。このワゴンウミガメの形をしているんです。分かりづらいけどね。夜は背中が光るのでキレイだよ。ぜひ見てみて。（群馬県／28歳／マドンナのファン）

ちょい足し情報 ➕ 「マーメイドトレジャー」のガチャはアリエルのワードローブのデザインでお洒落なの。中身は時期によって変わるけど、狙いたいのはハロウィンなどのイベントもの。（福岡県／23歳／主婦）

レストラン MAP27

魚介系ピザやサンドを販売
海底王国唯一のレストラン

約580席 / PS / カウンター / 食事

セバスチャンのカリプソキッチン

混んでいるように見えても奥の方に空席が

貝殻の形をしたイスやクラゲの照明などキュートなインテリアが魅力的。コロッケをサンドしているパンも帆立の形をしていてキュン。賑わっているので満席に見えるかもだけど、奥の席が空いてる可能性大。
（東京都／29歳／ビビンバ）

メニュー例	●ホタテクリームコロッケサンド…セット930円　単品550円 ●シーフードピザ…700円　●シーフードチャウダー…350円

▶ Column ◀

ひとやすみに最適なマーメイドラグーンの「トリトンズ・キングダム」

子ども向けかと思いきや…
大人の休憩にも大活躍！

"トリトンズ・キングダム"はアトラクション5つ、レストラン1つ、ショップ3つがある屋内施設。雨や寒さ、暑さから逃れ、心地よく過ごせる貴重なスポットだ。特に「アリエルのプレイグラウンド」内にはベンチが数多くあり、ゆったり足を休められる。中にはあまりの心地よさから座りながらひと眠りする人もちらほら。子どものプレイスポット「スターフィッシュ・プレイペン」を囲むようにベンチもあるのでココで休むのも◎。外側を向いて座れば飲食もOKだ。元気をチャージして、残りの時間も思いっきりエンジョイしよう。

ちょい足し情報➕　「セバスチャンのカリプソキッチン」のホタテチャウダーにはミッキー型のクルトンがのっていてかわいすぎ。子ども向けのお店だけど、かわいいもの好き女子にも◎。（栃木県／18歳／リカ）

海底2万マイル

ディズニーシー MAP⓭

屋内アトラクション

	DATA1
FP ファストパス	○
SR シングルライダー	×
身長制限	—
だっこOKか	○
平日待ち時間	約20分
休日待ち時間	約40〜70分

 グループ 雰囲気重視

小型潜水艦に乗り神秘的な海底世界を冒険

攻略
視界が開けていて海底を見やすい正面の席を狙って行こう！

ライドは6人乗り。正面2人、左側2人、右側2人となっています。視界が開けていて海底を見やすいのは正面の席。混雑状況次第ですが、キャストにお願いすれば正面に座れることも。（千葉県／21歳／しげる）

Q 隠れニモがいるって噂は本当ですか？どこですか？

グループ

ニモは出発してすぐの左側に！

乗車してすぐにニモが登場します！　なので最初っから気合いを入れておいてください。進行方向左側にしっかり注目しておけばビビッドなオレンジのニモが目に入ってくるはずです！（静岡県／39歳／加奈子）

ココをCHECK！

① 待ち時間
待ち時間も見どころが多数。中でも注目は船長室のネモ船長の肖像画！

② 潜水艦に乗る
席の前にあるサーチライトをレバーで操作して海底の世界をよく見よう。

③ 海底世界へ！
進行方向右側には隠れアリエルも。船に描かれた絵を要チェック！

DATA2　★形式／ライドタイプ　★定員／6名　★所要時間／約5分
★注意／フラッシュ撮影、液晶画面を使用しての撮影不可。

※右側縦書き：アメリカンウォーターフロント／メディテレーニアンハーバー／ポートディスカバリー／ロストリバーデルタ／アラビアンコースト／マーメイドラグーン／ミステリアスアイランド

屋内アトラクション　MAP⑫

センター・オブ・ジ・アース

	DATA1
FP ファストパス	○
SR シングルライダー	×
身長制限	117cm以上OK
だっこOKか	×
平日待ち時間	約80分
休日待ち時間	約100〜160分

アクティブ派　グループ

TDS最速の絶叫マシーンで地底探検の冒険へ！

攻略 混雑必須の大人気アトラクション！朝イチのFPゲットですばやく乗ろう

人気のアトラクションだから、お昼にFP発券中止となることも。FPは朝イチ取得がおすすめ。スムーズにFPが取れて、そのまま待ち列に並んだら15分程度で乗れちゃう！（青森県／23歳／トトコ）

攻略 エレベーターは最後に乗り込み景色が一望できる左席をゲット！

降下後は扉に近いゲストから先に列に並ぶから、エレベーターに乗るタイミングは最後にしてね。また、ライドは外の景色が見えやすい「左」側に座れるとベスト。夜は夜景も最高〜♪（埼玉県／31歳／まな）

ココをCHECK！

① オープニング
地底走行車に乗って地底探検の旅へ。水晶の洞窟や巨大キノコの森を巡る。

② アトラクションの中盤
火山活動開始。激しい揺れに加え、右に稲妻、左に炎。車が噴き上げられる！

③ クライマックス
地底怪物に襲われ、火山の頂上から滑り落ちる車。シーの全景を一望。

DATA2　★形式／ライドタイプ　★定員／6名　★所要時間／約3分　★注意／アトラクションの利用により悪化するおそれのある症状を持つ方、妊娠中・高齢の方は利用不可。乗車中の撮影不可。

ディズニーシー

Q 乗れない"定期メンテナンス中"に当たったら損？

グループ

激レアプログラムに参加できるかも！

待ち列にあるネモ船長の研究室などを無料でガイドしてくれる「マグマ・サンクタムツアー」を開催することがある。公式告知なしの激レアプログラムだから見逃さないで！(群馬県／42歳／リロ)

Q 隠れミッキーがいるポイントはどこ？

アクティブ派

入口とアトラクションの途中をチェック！

入口付近の地面に5～6か所。入口付近の岩肌の凹み、ライドが出発してすぐ右側の壁に見える7色水晶、ラーバモンスターの手前にある卵の側面をチェックしてみて！(奈良県／25歳／ほむら)

Q 入口から乗り込む「テラヴェーター」本当に下がってるの？

アクティブ派

本当は"上がってる" 地下を潜る演出が見事

終了後に階段を降りるから、乗り場は入口より高い。降りたライドが乗り場に到着するから、降り場と乗り場の高さは一緒。つまりエレベーターは上がってるんです！(富山県／35歳／らう)

巨大な中華まん「ギョウザドッグ」が名物！

RESTAURANT ノーチラスギャレー MAP 26

ビールとおつまみのレストラン。シーで有名な「ギョウザドッグ」が食べられるよ！　おつまみ付きの生ビールや、期間限定のワインやカクテルがあることも。(沖縄県／29歳／ちょま)

DATA ギョウザドッグ…500円、キリン一番搾り生ビール…600円　など

ちょい足し情報 実は正式名称は「ジャーニー・トゥ・ザ・センター・オブ・ジ・アース」。真のディズニーマニアは「センター」じゃなくて「ジャーニー」と呼ぶらしい。(群馬県／42歳／リロママ)

アメリカンウォーターフロント／メディテレーニアンハーバー／ポートディスカバリー／ロストリバーデルタ／アラビアンコースト／マーメイドラグーン／ミステリアスアイランド

171

| ショップ | MAP 23 |

ガラス張りのドームの中には便利グッズが揃う

ノーチラスギフト

お店の外観が特徴的！ 店内にも潜水艦やダイビングスーツなどがディスプレイされていて買い物しなくても楽しめる要素のあるお店ですよ！
（東京都／21歳／おもちつき）

| 便利
グッズ | ●傘　　●レインポンチョ
●携帯電話充電器　●電池
●切手　●ポケットティッシュ
●ストッキング　　など |

| レストラン | MAP 25 |

食感が新しい!!
もちもちの新作チュロス

リフレッシュメント・ステーション

名物のギョウザドッグからメニューチェンジしてポテト味のチュロスになってました。もっちりしていて美味。チュロスの味でポテトは14番目らしいよ。（京都府／49歳／MMK）

| メニュー例 | ●チュロス（ポテト）…380円 |

| レストラン | MAP 24 |

チャーハンから点心まで
シェアしたい中華料理店

ヴォルケイニア・レストラン

セットメニューはボリューミーでお得

ヴォルケイニアセットは、料理とドリンクの4点セットで金額もお得だよ。ボリューム重視ならチャーハンと点心を選ぶと◎。単品も海老チリやミッキー杏仁などメニューが多いので、みんなで分けるのもいいね。（千葉県／30歳／メロン）

| メニュー例 | ●ヴォルケイニアセット…1700円
●チャーシューと玉子のチャーハン…980円
●海老のチリソース…980円　●点心三種…410円 |

ちょい足し情報 ➕ 「ヴォルケイニア・レストラン」で酔っ払ってしまった。定番中華×紹興酒。ベストマッチングでついつい飲みすぎてしまいました。遊んだあとの打ち上げにいかが？（熊本県／23歳／探検隊）

INDEX

ディズニーランド

アトラクション・キャラクターグリーティング

あ アリスのティーパーティー ･･･････････････100
ウエスタンランド・シューティングギャラリー ･･････077
ウエスタンリバー鉄道 ･･････････････････064
ウッドチャック・グリーティングトレイル ･････････070
オムニバス ･･･････････････････････105

か ガジェットのゴーコースター ･････････････090
カリブの海賊 ･････････････････････061
カントリーベア・シアター ････････････････076
キャッスルカルーセル ･･･････････････････095
グーフィーのペイント&プレイハウス ･････････088

さ ジャングルクルーズ:ワイルドライフ・エクスペディション ････062
蒸気船マークトウェイン号 ･･････････････074
白雪姫と七人のこびと ･･････････････････101
シンデレラのフェアリーテイル・ホール ･････････099
スイスファミリー・ツリーハウス ･･･････････065
スター・ツアーズ:ザ・アドベンチャーズ・コンティニュー ･･･056
スティッチ・エンカウンター ･････････････052
スプラッシュ・マウンテン ･･･････････････082
スペース・マウンテン ･･････････････････055
空飛ぶダンボ ･･･････････････････････102

た チップとデールのツリーハウス ･･･････････089
トゥーンパーク ･･･････････････････090
ドナルドのボート ･･･････････････････090
トムソーヤ島いかだ ･････････････････075

は バズ・ライトイヤーのアストロブラスター ････････054
ピーターパン空の旅 ･･･････････････････094
ビーバーブラザーズのカヌー探険 ･････････081
ビッグサンダー・マウンテン ･････････････072
ピノキオの冒険旅行 ･･･････････････････102
プーさんのハニーハント ･･････････････092
ペニーアーケード ･･･････････････････106
ホーンテッドマンション ･･････････････096

ま ミッキーの家とミート・ミッキー ･･････････084
ミッキーのフィルハーマジック ･･･････････098
ミニーの家 ･････････････････････087
魅惑のチキルーム:スティッチ・プレゼンツ "アロハ・エ・コモ・マイ!" ････068
モンスターズ・インク "ライド&ゴーシーク!" ･･･050

ら ロジャーラビットのカートゥーンスピン ････････086

ショー・パレード

か キャッスルプロジェクション ･･････････････104
さ ザ・ダイヤモンドホースシュー・プレゼンツ "ミッキー&カンパニー" ･･･079
スーパードゥーパー・ジャンピンタイム ･･･････080
た 東京ディズニーランド・エレクトリカルパレード・ドリームライツ ･･･110
は ホースシュー・ラウンドアップ ･･････････078
ま ミッキーのレインボー・ルアウ ･･････････067
ら リロのルアウ&ファン ･･･････････････066
わ ワンマンズ・ドリームⅡ－ザ・マジック・リブズ・オン ･･･058

レストラン

あ アイスクリームコーン ･･････････････108
イースト・サイド・カフェ ･････････････108
か カフェ・オーリンズ ･･････････････････069
キャプテンフックス・ギャレー ･･･････････103
クイーン・オブ・ハートのバンケットホール ･･･････103
グランマ・サラのキッチン ･･････････････081
グレートアメリカン・ワッフルカンパニー ･････109
さ スウィートハート・カフェ ･･･････････････108
スキッパーズ・ギャレー ･･･････････････063
センターストリート・コーヒーハウス ･････････109
ソフトランディング ･････････････････060
た チャイナボイジャー ･･････････････････069
トゥーンポップ ･･･････････････････091
トゥモローランド・テラス ･････････････060
は パン・ギャラクティック・ピザ・ポート ････････059
ハングリーベア・レストラン ･････････････080
ヒューイ・デューイ・ルーイのグッドタイム・カフェ ･･･091
ビレッジペイストリー ･･･････････････103
プラザパビリオン・レストラン ･･･････････080
プラズマ・レイズ・ダイナー ･････････････059
ブルーバイユー・レストラン ･････････････069
ポッピングポッド ･･････････････････060
ま ミッキーのトレーラー ･･･････････････085
ら ラケッティのラクーンサルーン ･････････081
リフレッシュメントコーナー ･････････････109
れすとらん北齋 ･･････････････････108

173

INDEX

ディズニーランド
ショップ

- **あ** ウエスタンランド写真館 ……………………………073
- **か** ガラスの靴 ………………………………………102
  - ギャグファクトリー／ファイブ・アンド・ダイム ……091
  - ゴールデンガリオン ……………………………068
  - コズミック・エンカウンター ……………………057
- **さ** ジャングルカーニバル …………………………068
  - シルエットスタジオ ……………………………106
  - スプラッシュダウン・フォト ……………………083
- **た** タウンセンターファッション ……………………106
  - トゥーンタウン・デリバリー・カンパニー ………091
  - トレーディングポスト …………………………080
  - トレジャーコメット ……………………………053
- **は** ハーモニーフェア ………………………………102
  - ハウス・オブ・グリーティング …………………106
  - ビビディ・バビディ・ブティック …………………112
  - プーさんコーナー ………………………………093
  - フート&ハラ・ハイドアウト ……………………081
  - プラネットM …………………………………059
  - ペイストリーパレス ……………………………107
- **ま** マジックショップ ………………………………107
  - モンスターズ・インク・カンパニーストア ………051
- **ら** ラ・プティート・パフュームリー …………………068

ディズニーシー
アトラクション・キャラクターグリーティング

- **あ** アクアトピア ……………………………………146
  - アリエルのグリーティンググロット ………………165
  - アリエルのプレイグラウンド ……………………164
  - インディ・ジョーンズ・アドベンチャー：クリスタルスカルの魔宮 ……148
  - ヴィレッジ・グリーティングプレイス ……………127
  - ヴェネツィアン・ゴンドラ ………………………136
- **か** 海底2万マイル …………………………………169
  - キャラバンカルーセル …………………………159
- **さ** "サルードス・アミーゴス！"グリーティングドック ……152
  - ジャスミンのフライングカーペット ………………155
  - ジャンピン・ジェリーフィッシュ …………………166
  - シンドバッド・ストーリーブック・ヴォヤッジ ……158
  - スカットルのスクーター ………………………166
  - センター・オブ・ジ・アース ……………………170
- **た** タートル・トーク …………………………………126
  - タワー・オブ・テラー ……………………………124
  - ディズニーシー・エレクトリックレールウェイ ……143
  - ディズニーシー・トランジットスチーマーライン ……135
  - トイ・ストーリー・マニア！ ……………………122
- **な** ニモ&フレンズ・シーライダー …………………144
- **は** ビッグシティ・ヴィークル ………………………131
  - フォートレス・エクスプロレーション ……………137
  - フランダーのフライングフィッシュコースター ……161
  - ブローフィッシュ・バルーンレース ………………166
- **ま** マーメイドラグーンシアター ……………………162
  - マジックランプシアター …………………………156
  - ミッキー&フレンズ・グリーティングトレイル ……151
- **ら** レイジングスピリッツ …………………………150
- **わ** ワールプール ……………………………………166

ショー

- **あ** アウト・オブ・シャドウランド …………………154
- **は** ビッグバンドビート ……………………………130
  - ファンタズミック！ ……………………………138
- **ま** マイ・フレンド・ダッフィー ……………………128

レストラン

あ ヴォルケイニア・レストラン ……………… 172
S.S.コロンビア・ダイニングルーム ……… 134
オープンセサミ ……………………………… 160

か カスバ・フードコート ……………………… 160
カフェ・ポルトフィーノ …………………… 142
ケープコッド・クックオフ ………………… 133
ケープコッド・コンフェクション ………… 129

さ サルタンズ・オアシス ……………………… 157
ザンビーニ・ブラザーズ・リストランテ … 141
シーサイドスナック ………………………… 147
セバスチャンのカリプソキッチン ………… 168

た テディ・ルーズヴェルト・ラウンジ ……… 133
トロピック・アルズ ………………………… 153

な ニューヨーク・デリ ………………………… 134
ノーチラスギャレー ………………………… 171

は ハドソンリバー・ハーベスト ……………… 131
ブリーズウェイ・バイツ …………………… 147
ホライズンベイ・レストラン ……………… 147

ま マゼランズ …………………………………… 142
マゼランズ・ラウンジ ……………………… 142
マンマ・ビスコッティーズ・ベーカリー … 141
ミゲルズ・エルドラド・キャンティーナ … 153

ら リストランテ・ディ・カナレット ………… 141
リバティ・ランディング・ダイナー ……… 134
リフレスコス ………………………………… 142
リフレッシュメント・ステーション ……… 172
レストラン櫻 ………………………………… 133

ショップ

あ アーント・ペグズ・ヴィレッジストア …… 132
アグラバーマーケットプレイス …………… 160
アブーズ・バザール ………………………… 160
イル・ポスティーノ・ステーショナリー … 140
ヴェネツィアン・カーニバル・マーケット … 140
エクスペディション・フォトアーカイヴ … 149

か キス・デ・ガール・ファッション ………… 167
グロットフォト&ギフト …………………… 167

さ シータートル・スーヴェニア ……………… 167
スチームボート・ミッキーズ ……………… 132
スリーピーホエール・ショップ …………… 163
スリンキー・ドッグのギフトトロリー …… 123

た タワー・オブ・テラー・メモラビリア …… 125
ディスカバリーギフト ……………………… 147

な ニュージーズ・ノヴェルティ ……………… 132
ノーチラスギフト …………………………… 172

は ピッコロメルカート ………………………… 139
ベッラ・ミニー・コレクション …………… 140

ま マーメイドトレジャー ……………………… 167
マクダックス・デパートメントストア …… 132

ら リメンブランツェ …………………………… 140
ルックアウト・トレーダー ………………… 153
ロストリバーアウトフィッター …………… 153

その他

あ アトモスフィア・エンターテイメント …… 107
ウォーターフロントパーク ………………… 131

か クリスマス・ウィッシュ …………………… 023
クリスマス・ファンタジー ………………… 023

さ サンルートプラザ東京 ……………………… 039
シェラトン・グランデ・トーキョーベイ・ホテル … 039
シングルライダー …………………………… 017

た ディズニーアンバサダーホテル …………… 037
ディズニー・ハロウィーン ………………… 021
トリトンズ・キングダム …………………… 168

東京ディズニーシー・ホテルミラコスタ ……036
東京ディズニーセレブレーションホテル ……038
東京ディズニーランドホテル ………………035
東京ベイ舞浜ホテル …………………………039
東京ベイ舞浜ホテル　クラブリゾート ………039

は ヒルトン東京ベイ ……………………………039
ファストパス …………………………………014
プライオリティ・シーティング ……………016
ホテルオークラ東京ベイ ……………………039

STAFF

企画・制作／ディズニーリゾート研究会
デザイン・DTP ／小谷田一美
原稿／ディズニーリゾート研究会
イラスト／のりメッコ

東京ディズニー　ランド&シー
決定版「�得口コミ」完全攻略ガイド

2018 年 4 月 20 日　第 1 版・第 1 刷発行

著　者　ディズニーリゾート研究会
発行者　メイツ出版株式会社
　　　　代表　三渡　治
　　　　〒102-0093 東京都千代田区平河町一丁目1-8
　　　　TEL：03-5276-3050（編集・営業）
　　　　　　　03-5276-3052（注文専用）
　　　　FAX：03-5276-3105
印　刷　株式会社厚徳社

●本書の一部、あるいは全部を無断でコピーすることは、法律で認められた場合を除き、
　著作権の侵害となりますので禁止します。
●定価はカバーに表示してあります。
©イデア・ビレッジ,2016,2018.ISBN978-4-7804-2005-0 C2026 Printed in Japan.

ご意見・ご感想はホームページから承っております。
メイツ出版ホームページアドレス http://www.mates-publishing.co.jp/

編集長：折居かおる　企画担当：堀明研斗　制作担当：千代 寧

※本書は2016年発行の「東京ディズニー　ランド&シー　㊕口コミ「完全攻略」
　マニュアル」を元に加筆・修正を行ったものです。

176